史说长安

宋元卷

萧正洪 主编
邹贺 著

西安出版社

图书在版编目（CIP）数据

史说长安. 宋元卷 / 邹贺著. -- 西安：西安出版社, 2017.11（2021.4重印）
ISBN 978-7-5541-2596-0

Ⅰ. ①史… Ⅱ. ①邹… Ⅲ. ①西安—地方史—研究—宋元时期 Ⅳ. ①K294.11

中国版本图书馆CIP数据核字(2017)第265080号

史说长安·宋元卷

SHISHUO CHANG'AN·SONGYUAN JUAN

主　　编：	萧正洪
著　　者：	邹贺
统筹策划：	范婷婷
责任编辑：	张增兰　乔文华
责任校对：	王玉民　张忝甜
装帧设计：	梅月兰　谭国艳
出版发行：	西安出版社
地　　址：	西安曲江新区雁南五路1868号影视演艺大厦11层
电　　话：	（029）85253740
邮政编码：	710061
印　　刷：	永清县晔盛亚胶印有限公司
开　　本：	889mm×1194mm　1/32
印　　张：	7.5
字　　数：	138千
版　　次：	2017年11月第1版
印　　次：	2021年4月第2次印刷
书　　号：	ISBN 978-7-5541-2596-0
定　　价：	48.00元

读者购书、书店添货或发现印装质量问题，请与本公司营销部联系、调换。
电话：（029）68206213　68206222

序言

2018年是一个值得纪念的时间。

隋大业十三年（617年）五月，太原留守李渊起兵，七月进军关中，十一月攻占长安。次年五月，李渊代隋称帝，国号唐，改元武德，以长安为都城。这个在中国历史上影响重大的事件，到2018年恰好1400周年。当然，我们还可以由此上溯和下延，去寻找更多的重要的历史时刻。如果阅读史书，我们不难发现，在中国漫长的历史发展过程中，有许许多多杰出的人物、重要的制度和事件，都同长安（西安）有关，而李唐的建立，不过是其中一个事件而已，尽管后来的历史证明，它成了一个新时期的起点。事实上，自3100年前周文王、武王在沣水之畔建立都城丰、镐以来，在关中这个不算太大的地域里，发生过无数类似唐朝建国这样的能够从不同侧面体现文明进步的令人激动的故事。了解这些故事，一定可以令今人有所感悟。我们可以据之从一般意义上认识人类文明发展历程之艰辛曲折，亦能培养对如黄河、长江般源远流长的中国传统文化的特殊情感。

当然，无论以中国还是世界论，能够起到类似的历史与文化认知作用的地方不少。不过，长安还是有其特别之处。细究起来，从西周丰、镐到秦咸阳，汉、隋、唐的长安，再到明、清的西安，斗转星移，波谲云诡，其历程不可谓不曲折，而其文化内涵亦随时代演进而屡有变化，但总体而言，仍是相沿相袭，其因长期积累而形成的历史传统堪称根基深厚而且特色鲜明。中国历史上曾经做过都城或者发生过重要历史事件的地方多矣，但如长安这样传承既久、影响至大的，却也并不多见。

毫无疑问，长安作为历史上最具盛名的都城，其特色鲜明、内涵丰富，世所公认。即便从世界范围看，能够与之媲美的，亦为数不多。古代长安曾经集中了中国文化的精华，或者说，曾经是中华文化的典型代表。无论是其思想内容，还是其表达形式，皆堪称典范。要理解中国的历史及其同世界其他地区文明的关系，特别是解读中国制度文化的历史，离开了长安这座伟大的城市，恐怕很难找到正解。我们完全可以说，在当代中国，地理位置居中的西安，其实是理解中国传统与文化的一把钥匙。同时，长安在唐代以后的衰落，也提供了一个曲折发展历程的样本，其历史经验与教训足令后人沉思：如何适应新时代的挑战，以充满自信地保持自身的光荣与梦想？

这个光荣与梦想并不只是基于物质方面的表现。近代以来，随着社会的变迁，长安文化在许多人看来不过是一种久远的历史存在，光荣与梦想似乎只存在于记忆之中。国人和世界都不会不注意到古代关中的文化遗存。半坡的人面鱼纹彩陶盆、汉唐时代伟大的城垣和宏大的城市格局、博物馆里的金银器、分布于各处的帝王陵墓等等，都是人类极其宝贵的物质文化遗产。这些物质文化遗产当然是非常重要的，因为它代表了不同时代文明进程之中的璀璨与辉煌。不过，若我们仅仅重视这些多少属于外部性的表现，就可能失去对于内涵的准确理解，以至于偏离历史的本质。所以，我们也需要特别地重视长安文化的精神与气质。我们知道，历史上所有伟大的城市之所以千古留名，从根本上说，是因为其体现了某种足以反映时代特征的伟大思想和精神。我们说起长安，就会情不自禁地联想到汉唐气象，这说明长安具有有别于其他古代城市的特殊精神气质。而其空间格局和建筑的样式等等，在某种意义上说，只不过是其思想与精神气质的外在表现，是思想与精神气质的物化。

基于这样的认识，我们应当能够清晰地看到长安以及围绕其所发生的历史所体现出的特定思维方式、行为方式和时代特征。而本丛书，即是以时代为依据，试图从空间与时间两个方面，对长安及其相关的历史予以说明与解释。显然，长安作为历史文化的样本与典范，其意义包含了形而下和形而上，亦即物质与精神两个层面，本丛书的作者努力将这两个层面结合起来。一方面，作者以流畅而生动的语言，讲述了一系列引人入胜的故事；另一方面，揭示了内隐于历史过程之中的精神与文化特征。前者如一幅幅画卷，既有浓墨重彩，亦有意象白描；后者则如静夜之思，往往令人掩卷长息而感慨万千。我们从中能够看到，长安的历史演进所展现出的守正兼和的文化态度、推陈出新的制度性创设、持久的进取心、与时俱进的变革观念、立意高远的思维境界、具有宏大视野的文化包容气度，以及高标格的人文气质与精神，而并不总是萎靡不振和因循守旧，尽管这些特点也是王朝时代文化必然具有的重要属性，亦需要我们在阅读之中予以深刻的反思。

长安的历史进程还有一个重要的特点。正如我在前面已经提及的，它曾经在1000余年中作为王朝的都城而具有显赫的地位。可是，唐代以后，由于中国社会政治和经济的地理格局发生了重大改变，长安的命运由此中衰。在中国历史上，一个重要的城市长期繁荣且是全国的政治、经济、文化中心，甚至具有显著的国际影响力，后来竟然一蹶不振，陷入长期的落后境地，这种变化的轨迹是非常罕见的。明清时期，西安虽然也是西北重镇，但毕竟不同以往了。本丛书的作者也试图就此提出一些可资借鉴的思考。如果说，西安曾经经历了无可奈何花落去的旧日时光，那么今天，在新的时代中，那似曾相识的春燕如何能再次归来？

本丛书是为大众而写，但又基于较为严谨的学术思考。所以，作者们一方面力求语言生动，使作品具有较强的可读性；另一方面试图提出自己对于历史的独特认识，以解释历史发展的规律与社会变革的内在机制。由于各卷的作者思考各有特点，所以，各卷的风格与思考的角度亦颇有个性。这样的特点，似乎也有好处，因为它可以让阅读过程充满变化。在我看来，这倒也同历史过程相合，因为历史本身就是一个多元文化交汇而丰富多彩的进程。

值此《史说长安》丛书付梓之际，写此数语，以代序言。

萧正洪
（中国古都学会会长）
2017年12月20日

第五章 「昔在元世祖,分地王关中」——元代长安地区建制

一 蒙古进攻关陕战争

二 从陕西行省到安西路,再到奉元路

第六章 「汉唐城郭能缩小,丰镐人文欲胜难」——元代长安地区学术

一 「儒师」许衡与鲁斋书院

二 元代关中名儒学者

第七章 「立马平原望故宫,关河百二古今雄」——宋元时期长安城原貌

一 宋代京兆城南与三元代奉元城原貌

二 宋元时期长安地方志

目录

第一章 「冲天香阵透长安，满城尽带黄金甲」——五代时期长安地区战乱

一 唐末五代时期长安及关中地区军阀 … 003

二 朱温毁城与韩建重筑「新城」 … 008

三 五代时期长安战乱 … 015

第二章 「都城日荒废，往事不可还」——宋代长安地区建制

一 京兆府与陕西路 … 025

二 京兆陕西与宋夏战争：范仲淹抗夏事迹 … 033

第三章 「秦甸山河半域中，精英孕育古今同」——张载和关学

一 张载生平及学说 … 049

二 蓝田四吕 … 059

第四章 「将军誓守不誓战，战士避死不避生」——宋金关中地区交兵

第八章 "豪华尽成春梦，留下古今愁"——宋元时期长安地区社会生活

一 宋代长安社会生活 … 163

二 元代长安社会生活 … 173

第九章 "汉武好神仙，黄金做台与天近"——宋元时期长安地区神怪传说

一 异士任侠传说 … 187

二 神怪传说 … 197

第十章 "千古斜阳，无处问长安"——宋元时期长安主题文学作品

一 宋元时期吟咏长安诗词 … 203

二 长安主题元曲 … 215

结 语 … 225

第一章 『冲天香阵透长安，满城尽带黄金甲』
——五代时期长安地区战乱

公元9世纪后期，唐朝统治陷入混乱，长安成为各方势力角逐的"修罗场"。公元904年，开封军阀朱温下令拆毁长安城，辉煌了300余年的隋唐长安城就此毁于一旦。此后，华州军阀韩建改筑新城，成为后来明西安城的基础。

进入五代乱世以后，长安及周边地区相继发生后梁与岐、岐与前蜀等的多次战争。在公元948年，发生"三镇连衡"战争，仅长安一地死伤军民就达20万以上。昔日繁华，转眼成明日黄花。

一、唐末五代时期长安及关中地区军阀

公元9世纪下半叶,唐王朝风云激变,"冲天大将军"黄巢揭竿而起,一举攻入长安,称帝建国。可是,在占据长安的两年多时间里,黄巢不思进取,既没有追击外逃四川的唐僖宗,也没有约束部队军纪,平白给了唐朝各路部队包围长安的时机,军事形势急转直下。

由于外援隔绝,黄巢无法坚守,只得率军撤出长安,一路向东退往河南、山东,最终于唐僖宗中和四年(884年)全军覆没。黄巢也身死泰山之下。

与黄巢军在长安城下发生激烈交锋的唐军,号称"十镇联军",都是藩镇部队。藩镇本来是唐朝为了抵御吐蕃、突厥的侵扰而设置的节度使带兵制度,后来出于战事的需要,节度使同时兼领财权、民权,权职加重。终于,节度使掌握的军队数量超过了唐朝朝廷掌握的军力，个别节度使的野心开始膨胀。

唐玄宗天宝十四载（755年），身兼范阳、平卢、河东三镇节度使的安禄山发动叛乱，史称"安史之乱"。叛乱持续7年多，到唐代宗宝应二年（763年）才被完全讨平。这期间，唐王朝为了分化、对抗安史叛军，将投降朝廷的叛军将领也封为节度使，由此酿成了中晚唐时期特有的历史现象——藩镇百年割据。

当时，为了镇压黄巢起义，唐朝朝廷在内地大量增设节度使，总共有89处之多，这就加剧了藩镇动乱的局面。

内有宦官弄权，外有藩镇犯上，昔日辉煌的李唐盛世早已千疮百孔，唐朝镇压黄巢起义后的10年，"王室日卑，号令不出国门"，如狼似虎的各路藩镇开始自行其是，对唐朝皇权虎视眈眈。

先是宦官田令孜与河中节度使（治所在今山西永济）王重荣开战，双方各自纠结同伙，发生"沙苑之战"（沙苑在今陕西渭南大荔），田令孜战败，纵火焚烧皇宫，挟持唐僖宗出逃。

唐昭宗即位后，环绕在长安及关中地区周边的有几股较大势力：占据岐州（今陕西宝鸡凤翔）的李茂贞、占据邠州（今陕西咸阳彬县）的王行瑜、占据华州（今陕西渭南华县）的韩建、占据中原地区的朱温、占据陕南四川地区的王建、占据山西地区的李克用等。

唐昭宗乾宁二年（895年），李茂贞的党羽、王行瑜的党羽矛盾激化，双方都想挟持唐昭宗，就在长安城中大打出手，唐昭宗被迫出逃。后来，李克用发兵进攻王行瑜，王行瑜战败被杀，唐昭宗才回到长安城中。

不久，李茂贞亲自领兵进入长安，唐昭宗再次从长安东南门启夏门奔出，逃往终南山。李茂贞此行只有一个目的：破坏。《旧唐书》载："宫室廛闾，鞠为灰烬，自中和（唐僖宗年号）已来，葺构之功，扫地尽矣。"

李茂贞并不是李唐皇室，他原来名叫"宋文通"，深州博野（今河北蠡县）人，参军屯戍岐州。在镇压黄巢起义战争中累积军功，逐步升迁，被赐国姓李、名茂贞。后来，受命击杀田令孜的同伙凤翔节度使李昌符，占据关中西部15个州郡，形成一方势力。他狡猾恣横，无耻反复，野心勃勃，在长安及关中地区兴风作浪20多年。

乾宁三年（896年）四月，唐昭宗派出军队讨伐李茂贞，被李茂贞打败。唐昭宗一行人马被迫向东行进，投奔华州韩建。韩建，字佐时，许州（今河南许昌）人。出身于军人家庭，投身蔡州军阀秦宗权，为小校。唐僖宗中和初年，秦宗权派遣部队西进关中，援救唐僖宗，与黄巢军作战，韩建也随军出征。

黄巢军撤出长安后，韩建投效朝廷，升为神策军都校、金吾卫将军，随后，出任潼关防御使兼华州刺史，有了自己的地盘。面对大战之后人口锐减、田宅荒废的境况,韩建"出入闾里,亲问疾苦",招徕流民,开垦荒地,几年时间,就恢复了当地秩序。

韩建其人,很有心计,他目不识丁,但是在处理军政事务之余,努力挤出时间学习。他吩咐从人给各种日用器皿、家具摆设写上名字,以便他能随时随地识读文字。功夫不负有心人,韩建累积了实力,官职也得以提升。

乾宁三年(896年),唐昭宗被李茂贞赶出长安,韩建乘机上表迎驾。当年七月,唐昭宗率领百官僚属来到华州。韩建因此得以兼任中书令,充京畿安抚制置等。此后2年,唐昭宗都待在华州。唐昭宗与左右群臣每每遥望长安,对李茂贞在长安城中的恶行感叹唏嘘,徒呼奈何。

李茂贞撤出长安后,韩建看准时机,自告奋勇揽下了重建长安"大内"的任务,保证在一两年内就能修复大明宫。他对唐昭宗说:"臣为陛下修营大内,结信诸侯,一二年间,必期兴复。"

于是,唐昭宗任命韩建兼京兆尹、京城把截使,负责长安宫室的修复工程。韩建随即征发华州百姓运送物资,修缮大明宫。

不过,作为一个军阀,韩建此举并非出于为君王分忧之心,而是打着重建大明宫的旗号扩张自己的势力。唐昭宗由于财力、军力有限,便下令各地藩镇进贡"修宫阙钱",这笔钱最后都交给韩建"计度"。

与此同时,李茂贞借机上表请罪,承认自己先前的错误,并"献钱十五万,助修京阙"。唐昭宗本来还想发兵讨伐李茂贞,可是韩建暗中阻挠,"韩建左右之,师遂不行"。李茂贞犯上作乱的罪过最终不了了之,反而被加封为岐王。这样一来,韩建既讨好了唐昭宗,又联络了军阀,还动员了人力,谋得了财物,真是一举多得。

在这一过程中,韩建开始在朝中立威。乾宁四年(897年)二月,韩建借口接到密报,睦王等八王意图谋杀自己。于是他囚禁八王,并解散了唐昭宗的两万随驾禁军。"自是天子益微,宿卫之士尽矣。"八月,韩建杀害了通王等唐昭宗亲近的勋贵大臣,他自己兼同州(今陕西渭南大荔)节度使。

光化元年(898年),大明宫重建工程基本竣工。唐昭宗为了奖赏韩建,将华州升为兴德府,任命韩建为府尹。同年八月,唐昭宗回到长安。九月,韩建升为太傅,封许国公。

二、朱温毁城与韩建重筑"新城"

天复元年(901年)十一月,朝廷再次发生动乱。宦官韩全诲勾结李茂贞等藩镇,打算挟持唐昭宗去凤翔,然后废掉唐昭宗。韩建也参与了这个阴谋。宰相崔胤为了对抗韩全诲,转而召朱温驰援长安。

朱温本来是黄巢部下,变节投唐后,赐名"全忠"。因为朱温部队将士作战勇猛,无论是面对黄巢军,还是面对其他藩镇,均屡立战功。朱温因此受封宣武节度使,在汴州(今河南开封)及周边地区立足,上升为实力派地方军阀。

朱温领兵7万,来到韩建的地盘同州,韩建手下判官司马邺献城投降。朱温进兵华州,韩建不敢与朱温开战,立刻投降。朱温与韩建原来在军中曾经结拜为兄弟,此时,两人一见面,朱温便质问他挟持皇帝的罪过,韩建推说自己不识字，都是手下人出的主意。朱温还是比较信任他的，也不怪罪，上表改授韩建为许州节度使。

韩全诲劫持唐昭宗奔往岐州，崔胤率领百官来到华州，于是，李茂贞控制唐昭宗，朱温控制百官，双方剑拔弩张，势必要在战场上见真章。

天复二年（902年），朱温兵发岐州，李茂贞在虢县（今陕西宝鸡陈仓）迎击，双方交战，朱温获胜。随后，朱温派遣部队分别攻占陇州（今陕西宝鸡陇县）、陈仓（今陕西宝鸡），对岐州形成南北夹击之势。李茂贞见势不妙，立即交出唐昭宗，向朱温低头求和。朱温大获全胜，接唐昭宗回到长安，开始把持朝政，掌控唐朝命运。

天祐元年（904年），朱温借口李茂贞威胁长安，胁迫唐昭宗迁都洛阳。在以唐昭宗为首的李唐皇室出发上路后，朱温毫不留情地下令拆毁长安城内的宫殿楼宇、官署衙门、百姓民居，将木料及其他可用的建筑材料顺渭河运往洛阳，以备洛阳宫室修缮之用。朱温此举是要将隋唐两代政治、经济、文化中心，也是同时代世界上最发达、最开放、最巨大的城市——唐长安城彻底毁掉。

此后一个月的时间，长安百姓被朱温的军队驱赶着，背井离乡，搬往洛阳。在他们身后，"九天阊阖开宫殿，万国衣冠拜冕旒"的长安，被一砖一瓦、一尺一寸地拆散打碎，巍峨的大明宫夷平了、宽阔的"天街"塌陷了、喧闹的坊市荒芜了……隋唐长安两百年繁华，竟然眨眼间荡然无存。

此时在一片残垣断壁、瓦砾废墟中，默默地抚慰着长安城伤口的人，就是韩建，他将给予长安城重生的机会。

在唐昭宗东迁过程中，韩建救了朱温一命，赢得了朱温的充分信任。当唐昭宗一行来到陕州（今河南三门峡）时，唐昭宗召集朱温、韩建等人举行宴会。席间，何皇后亲自举杯，赐酒朱温。朱温正要伸手取饮，韩建却悄悄踩了朱温一脚。朱温立生警觉，推说自己酒醉，假装身体歪斜，当场离席。

韩建出来对朱温说，他看到唐昭宗与身边人耳语，而且帷帐后有兵器声响，"恐图王尔"，意即恐怕是唐昭宗想要在宴会上对朱温下毒手。

韩建立下了大功，朱温非常感念，"待建稍异，故优容之"，让他出任佑国军节度使、京兆尹，留守长安。面对人去城空的长安，韩建开始大幅度缩小城池的规模，改筑长安"新城"。

如果打破朝代的限制，单纯以地理位置和建筑面积来看，那么，有着3100多年建城史的西安城，一共经历了6次涅槃重生，呈现出6种样态：西周"宗周"丰镐、秦咸阳、西汉至北周长安城、隋大兴城暨唐长安城、唐末至明初"新城"、明清西安城。

其中，屹立于龙首原上的隋大兴城也就是日后唐朝的长安城，始建于隋文帝开皇二年（582年），开皇三年（583年）三月宫室初成。后来，隋大兴城逐步向南修造、扩建，隋炀帝大业九年（613年），征发民夫10万人修造城墙。

唐朝建立后，继承隋大兴城。唐高宗永徽四年（653年），进行了扩建，确定下"长安"这个名字，别名"京师"。后世又有两次增建，一次是在唐玄宗开元十八年（730年）修筑外郭城。另一次是在唐德宗贞元四年（788年）修筑夹城。至此，唐长安城的修造时间跨度达到200年之久！最终，唐长安城的外郭城东西长度达到9721米、南北长度达到8651米，周长36.7千米，面积83.1平方千米。

唐长安城面积是汉长安城的2.4倍，比古罗马城大约4倍，比同时期东罗马帝国首都君士坦丁堡大约7倍，比黑衣大食（阿拉伯帝国阿拔斯王朝）首都巴格达城大约6倍，比后来的明西安城大约8倍，比明、清北京城大约1.4倍。唐代国力全盛时，长安人口达100万，毫无疑问是中国古代面积最大的都城。

著名建筑史专家梁思成先生盛赞道："作为政治、经济、文化的综合的反映，唐代的建筑也出现了突出的高峰。在隋大兴城的基础上，当时世界上最大的、规模最完善的都城——长安，建造起来了。"

原本的唐长安城有宫城、皇城、外郭城三部分。

外郭城就是包括了108坊的一般意义上所指的唐长安城，在这座唐长安城北部中央的位置，坐落着皇帝的居所、百官的官厅：宫城、皇城。宫城与皇城的关系，就相当于一个两进的院子，皇城在南，为第一进，宫城居北，为第二进。整个"院子"的东西长度为2820米，第一进的皇城，南北长1843.6米，周长9.2千米，第二进的宫城，南北长1492米，周长8.6千米。

宫城毗邻唐长安城北城墙，外面就是龙首原，为皇家园林"禁苑"。宫城的太极宫好是好，奈何地势较低，一到暑热天气，则水蒸气都聚集在这里，又闷又湿，唐高宗身体不好，就想找一处高地纳凉，他就盯住了龙首原。于是，唐高宗在龙朔二年（662年）下令，扩建位于龙首原的永安宫，第二年工程结束，更名为"大明宫"，唐高宗随即移驾这里处理政务。从此，唐长安城的政治中心由太极宫转移到大明宫。

因为外郭城面积太大，韩建无力进行如此规模的修复工程，而且现在长安城里人口凋敝，早已经住不满原来108坊的区域。所以，他选择将皇城改筑为"新城"。皇城东西宽、南北短，面积大约是5.2平方千米。从此，这一原本唐朝百官公卿活动的区域成了普通老百姓的居所。

韩建所筑"新城"的形制是"内外二重"，即两道城墙。所谓"内重",就是长安的府衙。唐末战乱频繁,各地州城为保护官长安全,都修筑府衙城墙。韩建选择原来尚书省的位置,修建了"新城"的府衙,也就是现在西华门大街北侧,原西安市政府所在地。

"外重"自然就是原来的皇城,原来的东北门延熹门、西北门安福门、正南门朱雀门都被封闭。正北门承天门改为"玄武门",这样共开5座城门:正北玄武门、正东景风门、正西顺义门、西南含光门、东南安上门。

封闭城门是出于军事防御的考虑,像原本正南的朱雀门,开5扇门,门宽40米,显然不利于派兵守卫。可是朱雀门被封,也改变了皇城的交通布局。

本来皇城的南北中轴线,就是正南朱雀门到正北承天门,名为"承天门街",也就是韩愈诗《早春呈水部张十八员外》"天街小雨润如酥,草色遥看近却无。最是一年春好处,绝胜烟柳满皇都"中所谓的"天街"。

现在,封闭正南朱雀门,使中轴线的南段已经没有了意义。而且,因为原来的东、西二市已废,韩建根据《周礼》"南朝北市"的理念,选择在城北地区设置北市,只有东南安上门能够通马车,故商旅们只能在进入东南安上门后,在正东景风门、正西顺义门之间的东西大街上转西,再折向北。

渐渐地,安上门成了交通要道,以至于明代重修长安城,干脆以安上门为正南门,并改名"永宁门"。也就是说，唐长安城原本的中轴线被生生向东移动，改成以东南安上门为基准，且一直沿用到今天。

韩建在长安任职只有两年左右的时间，到天祐三年（906年），他转任青州（今山东青州）节度使，就此离开了长安。接替他的是大将王重师。

虽然昔日荣光一去不返，但是韩建改筑的长安"新城"，却存在了460多年。直到明太祖洪武三年（1370年），明朝用了8年时间，大规模整修、改造、扩建西安府城，这才打造出了今天西安城墙的原型。

460多年的风风雨雨，这中间发生了多少场浴血厮杀、经历了多少次规划施工，已经无法述说清楚。

三、五代时期长安战乱

覆雨翻云的朱温,在此后3年多的时间里,加快了篡唐的步伐,他制造"白马驿之祸",杀尽唐朝朝臣,甚至先后杀害了唐昭宗、唐哀帝两位皇帝。

天祐四年(907年)四月,56岁的朱温(称帝后改名"朱晃")自立为君,建立后梁,改元开平,定都开封。唐朝末代皇帝李柷被贬为济阴王,转年被杀。

唐朝290年国祚,至此终结。中国古代又一个分裂时代——五代乱世由此开启。随着唐朝覆亡,朱温在毁弃了唐长安城的躯体之后,又褫夺了长安的京师之号:京兆府降格为大安府,佑国军改名"永平军"。

一时之间天下大乱。占据山西地区的晋王李克用、占据关中西部的岐王李茂贞、占据四川地区的蜀王王建等藩镇,与朱温争夺长安及关中地区乃至天下的霸权。

其中实力最强的首推李克用。李克用是忻州神武川（今山西朔州应县）沙陀族人，勇猛善战。其父朱邪赤心，被唐懿宗赐姓名李国昌，后来不听唐朝调令，遭到唐军驱逐。黄巢起义爆发后，唐朝重新起用李克用统领沙陀军，李克用实力得以恢复并壮大。

唐僖宗中和四年（884年），李克用行军路过汴州（今河南开封）驻扎，朱温在馆驿设宴招待。进入夜间，朱温部下士兵杀出，放火焚烧馆驿。突然天降大雨，李克用侥幸逃脱，从城门缒下，回到部队。事后，李克用向唐僖宗投告，称朱温谋害自己，被唐僖宗劝和。但李克用从此与朱温结下了一生的仇恨。

同样在公元907年，蜀王王建因为不服朱温，自己也紧跟着登基称帝，建立前蜀。王建是忠武军（治所在今河南淮阳）军校出身，作为"忠武八都"之一西入关中，与黄巢军作战。王建曾与朱温正面交锋，并获得了胜利。接着，王建随军入川迎接唐僖宗，与韩建等人一同划归神策军。这期间，王建被大宦官田令孜收为义子，从此宿卫唐僖宗左右。

田令孜与王重荣之间爆发战事，王建仍一直追随唐僖宗。田令孜战败后，为了避开唐僖宗的责怪，自请赴西川监军，王建也就任利州（今四川广元）刺史。从此，王建伙同东川节度使顾彦朗，与西川节度使陈敬瑄争斗多年，最终攻占成都，并杀掉陈敬瑄和田令孜，成为西川节度使。

后梁、岐、晋等政权对峙图

相比于实力强劲的李克用、天高地远的王建，岐王李茂贞力量有限，又与后梁所据有的长安及关中东部地区直接接壤。李茂贞便虚张声势，坚持沿用唐朝年号，拒绝承认后梁，并主动联络晋王李克用、蜀王王建，一起对抗后梁。

王建的女儿嫁给了李茂贞的侄子，两家关系修好。如此一来，原本的京畿重地——长安及关中地区，到此时却成了朱温与李茂贞对峙的前线。涅槃重生的长安依然难逃战乱的威胁。

当上后梁皇帝后，本来就猜忌多疑的朱温，更加不信任部下，与领兵在外的将领越来越心生隔阂。身处长安的王重师擅自派遣部下出击岐州，引起朱温极大震动。在他人的挑拨之下，朱温竟然下令处死了王重师，此举引起长安及关中地区其他将领的不安。开平三年（909年），占据同州的忠武节度使刘知俊畏惧朱温的猜忌陷害，转而投降李茂贞，带领军队进入长安。

后梁太祖朱温亲自出征，派遣大将刘鄩为先锋，攻下潼关，进兵长安城下。随后，后梁大将、弘农郡王杨师厚指挥攻城，他集结部队，佯攻东门景风门，暗中派出部队穿过城南，进攻西门顺义门。这支奇兵偷袭得手，从西门进城。刘知俊兵败逃跑，杨师厚重夺长安。

3年以后，后梁乾化二年（912年）六月，后梁太祖朱温被第三子朱友珪弑杀，后梁政局动荡。在这期间，韩建的部将张厚叛乱，韩建被杀害于府衙之中。

此后，长安及关中地区，成了前蜀王建与李茂贞交战的战场。早前由于王建之女与李茂贞的侄子婚后关系不睦，王建便接回了自己的女儿。李茂贞大怒，发兵攻打前蜀，前蜀军初战告负。王建亲自出征，才打退岐军。现在后梁衰落，王建接连3次出兵攻打李茂贞，双方僵持不下，形成对峙局面，最后由于雨雪、后勤等问题，前蜀军罢兵撤回。后梁末帝贞明四年（前蜀光天元年，918年），王建病逝，后主王衍即位。

后梁末帝龙德三年（923年），李克用之子李存勖称帝，建立后唐，十月攻灭后梁，定都洛阳，重改长安为西京京兆府，他就是后唐庄宗。后唐兵威之盛，一时无两。

后唐同光二年（924年），李茂贞上表称臣，投降后唐。关中地区尽归后唐。公元925年，后唐庄宗派遣大将郭崇韬统兵10万，讨伐前蜀。后唐大军经岐州，出大散关，郭崇韬发出豪言："朝廷兴师十万，已入此中，倘不成功，安有归路。"最终消灭前蜀。

然而两年后，后唐发生内乱，李克用养子李嗣源与后唐庄宗李存勖开战，李存勖死于乱军，李嗣源即位为后唐明宗。再后来，后唐明宗养子李从珂叛乱称帝，后唐西川节度使孟知祥称帝建立后蜀，后唐明宗女婿石敬瑭建立后晋，后晋河东节度使刘知远建立后汉……短短

20年间，政权变乱迭生。长安在后晋时为晋昌军，在后汉时为永兴军，京兆府之名未变。

后汉隐帝乾祐元年（948年）二月，战事又起。河中、凤翔、永兴三镇军阀李守贞、王景崇、赵思绾，乘后汉隐帝新君登基，宣称"三镇连衡"，起兵叛乱。

赵思绾本来是京兆尹赵赞的部将，他不服从调动命令，冲进长安城，发动叛乱，并发动民夫修葺城垣，加筑楼堞，意图以长安为基地，对抗后汉。他又联络河中李守贞、凤翔王景崇，一起举事。

李守贞在后晋时已经贵为天平军节度使，曾经投靠辽朝，帮助辽太宗耶律德光南下灭晋。后汉太祖刘知远起事后，李守贞又投靠刘知远。现在刘知远身死，控制着同州、潼关等战略要地的李守贞便蠢蠢欲动，意图趁机自立。另一边，王景崇响应李守贞、赵思绾，在凤翔举事，并联络后蜀一起行动。

面对关中地区的又一次动乱，后汉隐帝以枢密使郭威为统帅，命其率领兵马西进关中，平叛戡乱。郭威分析战局，认为对于赵思绾、李守贞、王景崇以及后蜀，可以分化包围，各个击破。于是，郭威决定自己提兵进攻李守贞，郭从义进攻赵思绾，赵晖进攻王景崇。

郭威来到河中，并不立刻进攻，而是自己在城东立寨，又命令部将常思在城南、白文珂在城西立寨，三面包围，又调动民夫两万人修筑土墙连垒。此后，李守贞不断派兵出城，攻击土垒。郭威也不迎战，只是埋头修补。李守贞不断出击，每战总有损伤，兵员减少，士气日渐低迷，"久之，城中兵食俱尽"。

与此同时，赵晖的部队直扑大散关，击退进犯的后蜀军。随后伪装成后蜀军，诱骗王景崇出城会合。在法门寺以西设伏，围歼王景崇部队2000余人。王景崇逃回凤翔，闭门不战。

另外一路郭从义进攻长安，哪知此时的长安城城防设施已经十分完善，又成了易守难攻的坚城。开战以后，后汉军伤亡惨重，却无法攻进城中。郭从义改变策略，围而不打，在长安城外挖掘壕沟，围困长安一年多。长安城内粮食告罄，赵思绾其人残忍好杀，索性下令杀人而食。赵思绾曾经取活人胆，就酒吞食，他甚至对部下士兵说："食胆至千，则勇无敌矣。"一时间，长安城内妇孺老幼惨遭劫难。

到次年六月，赵思绾无力再战，穷途末路之下，派人出城乞降。长安城重归后汉，后汉隐帝调任赵思绾出任镇国军留后，但是，赵思绾拖延赴任，似乎别有打算。郭威和郭从义定计，骗赵思绾进长安城中，埋伏士兵将其擒获，随即处斩。

不久，后蜀将领周光逊出寨投降。郭威见时机成熟，便整修攻城器具，四面发兵进攻李守贞，李守贞抵挡不住，与妻子儿女一起自焚而死。随后，郭威进兵攻打凤翔，王景崇同样投火自尽。

这次战乱耗时长、伤亡多，使长安居民在不到50年的时间里，继受朱温毁城暴行后，再遭重创。战后一年，后汉隐帝派使臣来长安及关中地区掩埋遗骸，发现已经有当地僧人收拾了战殁、饿死的军民尸体20万具，想来实际伤亡人数必然更多。

事后分析，郭威之所以要策划这场旷日持久的消耗战，大量征发人力、物力和财力，其目的除了消灭三镇军阀，可能还为了消耗关中地区的有生力量，防止再有野心家占据城池、割地自立。

果然，此战之后10年，关中地区再无杀伐征战。古代战争之残酷，怎不令人扼腕叹息。

后来郭威建立后周，改元广顺（951年）。3年后，即显德元年（954年）后周世宗柴荣即位，推行改革，关中地区百姓终于有了一个相对稳定的社会环境。原本属于后蜀的秦州（今甘肃天水）、阶州（今甘肃陇南）、成州（今甘肃成县）、凤州（今陕西宝鸡）4个州，因为不满后蜀统治，自发地投向了后周。长安及关中地区，在历经70年战乱后，总算迎来了休养生息的机会。

第二章 『都城日荒废，往事不可还』
——宋代长安地区建制

　　北宋建立以后，在地方设置"监司"，包括转运、提点刑狱、安抚等司，"陕西"作为监司辖区的名称，第一次正式出现。

　　公元11世纪中叶，北宋与西夏陷入长年战争。长安（此时名"京兆"）、关中及陕西地区，由此成为北宋对西夏作战的前线，甚至影响了当地士庶风气的转变。

一、京兆府与陕西路

后周显德六年（959年），奋发有为的后周世宗柴荣英年早逝，嗣君恭帝柴宗训年仅7岁，后周政局出现动荡。公元960年正月，禁军将领赵匡胤发动"陈桥驿兵变"，于初四日率兵返回开封，逼恭帝柴宗训退位，自己登基称帝，建立宋朝，改元建隆，历史上称为"北宋"。赵匡胤就是宋太祖，这一年他33岁。

宋太祖赵匡胤继承了后周世宗柴荣开启的四海统一进程，确立了"先南后北"的战略，从建隆元年四月开始，一直到开宝九年（976年）十月，宋太祖发动的战争，持续了16年，兵锋所指，鲜有匹敌。

这些战事包括：建隆元年六月征讨李筠，九月征讨李重进；乾德元年（963年）正月到三月，平定荆南、湖南；乾德二年（964年）十一月到乾德三年（965年）

正月，平定后蜀；同年十二月，镇压四川全师雄兵变；开宝元年（968年）八月，李继勋等征伐北汉，是为第一次北伐；开宝二年（969年）二月到五月，宋太祖亲征北汉，是为第二次北伐；开宝三年（970年）九月到开宝四年（971年）二月，平定南汉；开宝七年（974年）九月到开宝八年（975年）十一月，平定南唐；开宝九年（976年）秋，党劲等第三次北伐，攻打北汉。到开宝九年时，南方割据政权只剩下对北宋态度服帖的吴越钱氏和泉州陈洪进两家，北方则只剩下北汉。

重新统一的大局已定，宋太祖赵匡胤开始考虑将京城从开封迁回长安。因为开封周边地势平坦，缺少山岭河流作为屏障，有利于进攻而不利于防守，是所谓"四战之地"。以此为都城，必须增加军队数量，这就增加了朝廷负担。因此赵匡胤想第一步迁都洛阳，再最终定都关中长安："吾欲西迁，据山河之胜，以去冗兵，循周汉故事，以安天下也。"

可是这一计划遭到以晋王赵光义为首的部分臣僚反对，他们认为关中从隋代开始已然乏粮，粮食歉收、漕运不便，空有山河之险，难以供养朝廷上下；而开封坐拥沟通黄河、淮河的汴河，漕运便利，有粮则可以养兵。宋太祖赵匡胤思虑再三，无奈地采纳了赵光义等人的意见，但是他仍然心有不甘，叹息着说："不出百年，天下民力殚矣。"

北宋继承了后周对关中地区的统治，长安也依然沿用京兆府之名。北宋京兆府管辖范围广大，包括了长安、万年（北宋末改名"樊川"）、鄠县、蓝田、栎阳、泾阳等在内的十多个县。

乾德三年（965年），大将王全斌兵出凤州（今陕西宝鸡凤县），攻灭后蜀，又把陕南地区归入治内。至于陕北地区则比较复杂，先是在宋太祖建隆二年（961年），永安军节度使折德扆献出麟州（今陕西榆林神木）、府州（今陕西榆林府谷）等州归附。而更北边的定难军所辖夏州（今陕西榆林靖边）、银州（今陕西榆林米脂）、绥州（今陕西榆林绥德）等州，则要等到宋太宗即位以后的太平兴国七年（982年），才由节度使李继捧纳土内附，纳入北宋版图。

随着割据政权陆续灭亡，除后晋石敬瑭割让给契丹的燕云十六州以外，北宋基本完成了统一。如何治理这片广大地域，北宋第二任皇帝宋太宗费起了心思。一方面，他要吸取唐代后期藩镇集地方军、财、政大权于一身，形成割据分裂局面的教训；另一方面，他又要避免皇帝过分大权独揽、事必躬亲，使得各级地方官府行政僵化和滞后，缺乏弹性和力度。

解决之道，就是在地方设置"监司"，包括："转运司"（简称"漕司"），负责财赋、民政；"提点刑狱司"（简称"宪司"），负责民间刑狱和官员考核；"安抚司"

（简称"帅司"），负责地方军务。同时，北宋将唐代的"道"改为"路"，作为监司辖区的名称。3个机构权责有别，辖区彼此交错，又不完全一致。北宋的监司路，既是州以上一级行政区划，又不具备对抗朝廷的权限，从而规避了监司一级官员势力坐大的可能，同时还保证了监司以下州府军县事务消息可以直达天聪。

其中，转运司的辖区最有代表性。至道三年（997年），转运司辖区确定为15路：京东路、京西路、河北路、河东路、陕西路、淮南路、江南路、荆湖南路、荆湖北路、两浙路、福建路、西川路、峡西路、广南东路、广南西路。

这是"陕西"作为正式的地方行政区划第一次出现在中国历史上，从唐代"关西道"进化为一个全新的样态。当时，陕西路的辖境十分展阔，"东尽崤函，西包汧陇，南连商洛，北控萧关"，东边包含河南西部，北边包含宁夏南部，西边包含甘肃、青海部分地区，囊括关中、陕南商洛、陕北延安等地区，奠定了今日陕西的雏形。

之所以得名陕西，最早源于陕州（今河南三门峡陕州区）。"自陕以东，周公主之；自陕以西，召公主之"，说的是西周成王时，周天子领地以陕为界，分属周公、召公所有。

陕的本意指"隘也"，也就是两山相对之险要。所谓"陕县有陕陌"，陌即小路，大约因其地两山相对，中间有狭路而得名。相类似的是"峡"，是指两山相对，中间为河流。

虽然陕西得名很早，但始终没有确定地域范围，可以泛称陕州以西，也可以具体指潼关以西关中地区，甚至还被南朝人挪用，称呼荆州、扬州为"二陕"，荆州就是"陕西"。直到北宋，才正式将这一名称定为行政区划，标示出了地理范围，沿用至今。

陕西虽然纳入北宋治下，但是陕西北部定难军仍是风波不断。太平兴国七年（982年），李继捧献土降宋，他的族弟李继迁却叛宋自立，随后与北宋开战，而且越战越勇，形成一方势力。20年后，李继迁死，其子李德明继立，他的态度相对温和，采取"依辽和宋"策略，接受北宋封赐，稳步发展实力。到李德明之子李元昊时，又与北宋关系迅速恶化，北宋宝元元年（1038年），李元昊称帝，国名"大夏"，史称"西夏"。随后，宋夏双方在今陕西延安、今宁夏固原等地区发生多次大战，北宋未尝一胜。

为了整顿军备，北宋朝廷在京兆陕西设置了5个安抚司，分管永兴军路、鄜延路、环庆路、秦凤路、泾原路，于是就有了"陕西五路"的说法。也就是说，此时的陕西有转运司的陕西路（治京兆府，即今西安），也有安抚司的陕西五路，同时还有提点刑狱司的陕西路（治凤翔府）。

北宋庆历四年（1044年），宋夏签订"庆历和议"，陕西战事稍歇。到了熙宁元年（1068年），20岁的宋神宗登基，雄心勃勃，对内发起"熙丰变法"，对外再启宋夏战争。宋神宗先是任命王韶经略今甘肃南部地区，完成对西夏的包围。王韶不辱使命，取得熙、河六州之地，于是就在安抚司的陕西五路之外，新设熙河路，这就有了安抚司的"陕西六路"。这期间，又将转运司的陕西路一分为二：东部为永兴军路，治所仍在京兆府；西部为秦凤路，治所在秦州（今甘肃天水）。这是转运司的"陕西二路"。

宋神宗在位时期，对西夏作战取得了一定成果，但未取得决定性胜利。直到11世纪末宋哲宗在位时期，章楶在对夏作战中立下殊勋，北宋取得战争优势，西夏数次遣使求和。然而时至此时，女真兴起，短短12年间灭辽攻宋。靖康二年（1127年）四月，金兵俘虏徽、钦二帝北去，北宋灭亡。西夏则抓住机会，抛弃了与辽的关系，转与金结盟，趁宋金战争之机，侵夺河西地区。

金人占领京兆及陕西地区后，把麟州、府州、定边军（今陕西延安吴起、榆林定边）划给西夏，又将转运司的陕西二路改为"陕西东路""陕西西路"；安抚司改为"都总管府"，改永兴军路为"京兆府路"，熙河、秦凤路合并为"熙秦路"，环庆、泾原路合并为"庆原路"，再加上鄜延路，共四路。后来熙秦路分为凤翔路、临洮路，即金朝都总管府的"陕西五路"。

同一时期，陕南地区属南宋领土，设为利州东路。

总之，宋金时期的京兆及陕西地区，已然失去了昔日政治、经济、文化中枢的地位，一变而成为宋夏战争的前线，所谓"西疆之事，宜聚重师于永兴为临制根本之地也"。为了控扼西夏南下进兵的通道，北宋在陕北一带修建大量城寨，虽然这些城寨达不到长城的规模，但是驻扎士兵的数量仍然十分巨大。到宋神宗熙宁年间（1068—1077年），推行置将法，在陕西六路设置了42将，兵力达到30万以上。为了供应这些军队，需要大量军粮物资，但是关中农业并没有恢复，无力供应前线所需。所以，宋军开始在沿边地区屯田，同时修建运粮道路。原来河东路河中府（今山西运城）只有一条到京兆的道路，此时又新修道路，从而使河东的粮食能够直通延州（今陕西延安）。

出于宋夏战争的实际需要，北宋在京兆陕西将安抚司陕西五路以及后来的安抚司陕西六路转为常态化。由此出现一系列新的变化，本该由转运使过问的民政，也由安抚使兼领，这样，路治所在州知州兼安抚使，"统制军旅"，同时又有权管理"一路兵民之事"，出现军政合一的现象，特别是陕西的安抚使还可以临事决断，事后再向朝廷汇报，所谓"便宜行事"。也就是说，在北宋立国后，大力加强朝廷威严，收地方兵权、财权、法权，唯独在陕西又开始放权（另外，河北是宋辽前线，也设置有缘边安抚司）。

其中，永兴军之名的由来，最早是唐朝末年，在关中地区设置佑国军，后来五代后梁为了防备凤翔李茂贞，沿袭其制改名"永平军"，后唐一度改回"京兆府"，后晋时又改为"晋昌军"，后汉定名"永兴军"，后周沿袭。在宋夏战争中，北宋又启用永兴军旧称，使其地成为当时北宋国土中唯一一个以军命名的路。

从李继迁叛宋自立开始，双方打打停停，一直延续到西夏崇宗李乾顺在位时期（1085—1139年），也就是北宋末年宋徽宗在位时期（1100—1126年），双方还在交战。甚至到了13世纪初，蒙古崛起后，西夏神宗李遵顼（1211—1223年在位）依附蒙古，与金在陕西地区交兵十余年。此后，南宋与金之间、蒙古与金之间、蒙古与南宋之间，都在陕西地区发生过激战。这还不包括更早的宋辽战争，也波及今陕北地区。即便是王朝内部，比如元朝初期，忽必烈与阿里不哥争夺大汗位，也在关中地区交过手。

如此长时间的战争，对关中、陕北地区造成严重破坏，导致鄜州（今陕西延安富县）、延州（今陕西延安）等地"地皆荒瘠""凋耗殆尽"。不过，反过来看，正所谓风云际会之期，恰是英雄豪杰施展拳脚之时，不知有多少能人志士，为了"了却君王天下事"，在这块土地上出生入死、建功立业，从而"赢得生前身后名"。

二、京兆陕西与宋夏战争： 范仲淹抗夏事迹

与前代相比，入宋以后，京兆及陕西等地人文风物发展态势稍显式微，但也不乏仁人志士，或振缨公朝，或缮甲治兵，或教化黎庶，或纵笔飞英……在史册中留下浓墨重彩。

最知名者，首推华州下邽（今陕西渭南临渭区）人寇准。寇准19岁考中进士，后来官至宰相。北宋景德元年（1004年），辽军剑指澶州（今河南濮阳），与开封隔河相望。危难之际，寇准力排众议，敦促宋真宗御驾亲征，最终与辽朝达成"澶渊之盟"，使宋朝转危为安。后来，寇准官场失意，遭到贬黜，于天圣元年（1023年），病逝于雷州（今广东湛江雷州），年62岁。

还有一代文豪苏轼，26岁踏入仕途，出任凤翔府

判官，在陕3年时间，留下不少诗篇佳作，还扩建了凤翔东湖，保留至今。"关学"创立者张载，在郿县（今陕西宝鸡眉县）讲学授徒，提出稽古振今的"横渠四句"："为天地立心，为生民立命，为往圣继绝学，为万世开太平。"

若是具体到北宋京兆及陕西等地发生的军政名人事件，范仲淹在这里抗夏的经历无疑最是波澜起伏、引人瞩目。

北宋仁宗宝元元年（1038年），党项豪雄李元昊自立称帝，与北宋彻底决裂。李元昊其人颇有号召力，能够不拘一格任用汉人，甚至有汉人投奔他，为他效力，如"华阴人张元走夏州，为元昊谋臣"。由于李元昊之父李德明长期接受北宋封赐，因此北宋朝野上下认为李元昊"悖漫"，是背叛之举，应该采取强硬措施，出兵讨伐："元昊，小丑也，请出师讨之旋即诛灭矣。"

然而事实是，自从北宋与辽达成澶渊之盟后，振兵释旅，承平日久，官场风气从开国之初的锐意进取转向保守因循，当政者动辄以"祖宗成宪"为指归，行推诿责任、得过且过之实。朝廷机械地执行"分权制衡"原则，导致机构膨胀、官员增加，办事效率低下，决策滞后，出现了后世人总结北宋的"三冗"弊端，即冗官、冗兵、冗费。

体现在军队建制方面，因为不信任武将，实行"以文驭武"方针,没有军事素养的文官干扰了军队作战指挥,前线将领无权调兵遣将,都听令于朝廷。但因为信息滞后,朝廷的遥控指挥导致军令迭出,甚至前后矛盾,屡失战机。"将愚不识干戈,兵骄而不识战阵。器械朽腐,城郭隳颓",出现了最糟糕的境况:军队战斗力下降。

于是,在宝元二年(1039年),当党项虎狼之师挟雷裹风,呼啸而至,长期"饱食安坐"、训练废弛的北宋军,便遭遇了"三川口之战"惨败。宋仁宗以及朝野上下方才恍然大悟:边防体制混乱,大军驻地分散,互不统属,兵将互不相知,空有十几万军队,却发挥不出战斗力,战场上已经落在下风。

宋仁宗及当朝宰相吕夷简对陕西军政现状大失所望,贬黜、撤换了陕西军政主官范雍、夏守赟等人,改派主战派的韩琦赴陕。康定元年(1040年)三月,韩琦就势举荐了自己的知交好友范仲淹,一起对抗西夏。

这时,范仲淹已经52岁了。早年间,以"先天下之忧而忧"自勉的范仲淹结交了一批同道,议论时政,"欲更天下弊事"。这引起了认为"先朝旧规,不可轻议改革"的宰相吕夷简的不满。在4年前,范仲淹因为批评吕夷简任人唯亲,双方矛盾激化,被吕夷简指为"结党",外放越州(今浙江绍兴)。

范仲淹祖籍邠州(今陕西咸阳彬县),所以这次入陕，对他来说有着特殊的意义。范仲淹入陕后，与夏竦、韩琦结成搭档，任陕西经略安抚招讨副使，接替范雍，北上延州。

范仲淹履新后，改变之前主动进攻的策略，决定进行持久战。他改革军事指挥体制，将所辖18000名士兵划分给6名战将，平时各自训练，战时轮番出战，"约束既定，总领不二，劳逸又均，人乐为用"。此举改变了"将兵分离"的弊端，有利于凝聚军队战斗力。这一举措，后来被宋神宗"熙丰变法"时的"将兵法"所继承。

然而，韩琦与范仲淹意见相左，他主张自己与范仲淹两路出兵，主动进攻。夏竦不置可否，便上报宋仁宗定夺。当时吕夷简等人也赞同出兵，宋仁宗觉得，范仲淹的持久战方案物力财力消耗太大，便决定出兵。范仲淹上书申述，力陈不可。韩琦派人去劝范仲淹同意出兵，范仲淹也不为所动。对于韩、范的分歧，宋仁宗只得改变命令，只由韩琦出战，范仲淹留守延州。

范仲淹守延州时，创作过一系列以"塞下秋来"开头的《渔家傲》词，述从军守边之难，现仅存一首《渔家傲·秋思》：

塞下秋来风景异，衡阳雁去无留意。

四面边声连角起。

千嶂里，长烟落日孤城闭。

浊酒一杯家万里，燕然未勒归无计，

羌管悠悠霜满地。

人不寐，将军白发征夫泪。

"四面边声"写出了战场的紧张形势，但是"孤城闭"3字，却透露了宋军无力出战、困守城池的不利局面。长期苦战，将士们已经有了思乡之情，但战事不息，怎能还乡？可怜将军的白发、征夫的眼泪，虽然条件艰苦、身心疲惫，但将士、民夫们不改报国壮志，坚守边城。这首词立意慷慨悲凉，被欧阳修盛赞为"穷塞外之词"，既与唐朝边塞诗的豪迈乐观大不相同，也与花间词的柔美婉转截然对立，为豪放词之先导。

正当宋廷热议攻守之策时，北宋康定二年（1041年）二月，李元昊发兵10万，再次南下，韩琦随即派遣大将任福领兵迎战。双方在好水川（今宁夏固原隆德）遭遇，北宋军被西夏骑兵突袭伏击，死伤上万人。

韩琦接到好水川战败消息，痛哭失声；北宋朝廷震动，吕夷简惊呼"可骇也"；宋仁宗为之停用晚膳，"天子由是益信公（指范仲淹）智谋过人甚远"。

好水川之战后，宋廷将不堪其任的陕西经略安抚招讨使夏竦解职，韩琦、范仲淹虽也遭到降职处分，但继续留任，而且被授予"便宜行事"权。同年十月，宋廷设置了鄜延、环庆、泾原、秦凤、永兴军安抚司五路，进一步明确了前线将帅的职责。其中，韩琦坐镇秦凤，范仲淹掌舵环庆。没有了夏竦的掣肘，范仲淹得以按照自己的思路，加大力度进行边防建设。

范仲淹对抗西夏的总体战略是"宜严戒边城，使持久可守"，驻守城池，避免与西夏骑兵进行野战，同时，"择利进城废寨"，修筑边城，逐步推进战线。

这一战略，是根据陕西的军事地理环境制定的。位于宋夏交界的横山，"东至麟、府，西至原、渭，二千余里"，陕西五路中的环庆、泾原、鄜延（还有后来增设的熙河路），就分布在横山沿线。相对于其他地区，鄜延路"其地阔远，而贼所入路颇多"，增加了北宋军防守难度，"寨栅疏远"，成为西夏南下入侵的首选目标。

早前，北宋名将种世衡在延州东北修筑清涧城，"右可固延安之势，左可致河东之粟，北可图银、夏之旧"，在宋夏战争中发挥了很大作用。现在，范仲淹计划在更广大范围内，构建一个更有层次、更有纵深的堡寨防御体系。

在此后两年多的时间里，范仲淹组织修筑了12座堡寨，最远的一座是大顺城，修到了庆州（今甘肃庆阳）西北的子午岭，与西夏白豹城、金汤城毗邻而立，能保护庆州，更成为北宋军日后反攻的桥头堡。

这种步步为营的策略，围绕着横山南北，在200千米的距离上，搭建起了密集的堡寨群。这些堡寨不是孤立的个体，而是有道路相连，这些道路的终点，就是庆州、麟州等坚城大邑。甚至，永兴军京兆府与延州之间，也修筑了直达通道，方便物资运输。

从此，西夏军再南下入侵，其侧翼甚至后方就暴露给了北宋军，成了兵家大忌。这样一来，他们的攻击目标，就被迫从陕西腹地变为这些堡寨，这也意味着，范仲淹成功将战争引到了边境线外。

范仲淹的持久战略，并不仅仅体现在修筑堡寨一个方面，他还大力推广民兵组织，"大兴营田，且听民得互市，以通有无"。组织弓箭手、义勇耕种田地，既储备了粮食，也扩充了兵源，被认为是继承了唐朝府兵制的精髓。

范仲淹还注意安抚羌人，化敌为友。当时，横山附近羌人部族"人马精劲，惯习战斗"。但是北宋官员出于成见，不但不信任羌人，而且采取"打虏"政策，驱赶欺凌羌人，使得羌人往往为李元昊所用，充当西夏军先锋。范仲淹对羌人部族恩威并施，他在尊重羌人习惯的基础上，制定法令禁止羌人参加西夏军，并要求配合北宋军的军事部署。范仲淹以其个人魅力和公正，博得了羌人的信赖，"诸羌皆受命，自是始为汉用矣"。

此外，范仲淹极具识人之明，注意培养、发掘军政人才。他教导勇将狄青说"将不知古今，匹夫勇尔"，并赠送给其一部《春秋左传》。狄青用心苦读，"悉通秦、汉以来将帅兵法"，终成一代名将。时年21岁的布衣书生张载，立志收复失地，向范仲淹进呈《边议九条》。范仲淹觉得他是可造之才，便引导他研读《中庸》，嗣后张载创立"关学"，成为宋学代表人物之一。其他诸如孙沔、李绚等人，都成为范仲淹日后主持"庆历新政"时的干将。

经过范仲淹、韩琦的整顿，陕西军政状况大为改善，当地军民之中流传一首歌谣，赞誉范仲淹、韩琦："军中有一韩，西贼闻之心胆寒；军中有一范，西贼闻之惊破胆！"他们甚至赢得了敌人的认可，西夏内部承认："今小范老子（指范仲淹）腹中自有数万兵甲，不比大范老子（指范雍）可欺也！"

庆历元年（1041年）正月，李元昊遣使来见范仲淹，提出议和。范仲淹本来也主张战、和双管齐下，他曾经上书宋仁宗，表示要招抚西夏，"容臣以示恩意，岁时之间，或可招纳"。现在机遇出现了，范仲淹欣然提笔，洋洋洒洒地回复了一篇《答赵元昊书》，阐述己方态度和立场。

在《答赵元昊书》中，范仲淹首先回顾了宋夏关系的历史渊源，指出夏臣服于宋之前，"伏以先大王归向朝廷"，而宋对夏"待以骨肉之亲……恩亲隆厚，始终如一"。

宋夏间睦邻友好，对双方都有裨益，"朝聘之使，往来如家。牛马驼羊之产，金银缯帛之货，交受其利"，通过榷场，西夏的牲畜、药材等物资可以换取宋朝的瓷器、布料、粮食等产品，与此同时，北宋铜钱也流通西夏，汉文书籍同样输入西夏，党项参照汉字创造了西夏文。不少汉族农民、读书人，也来到西夏开垦荒地、投效西夏。这种各取所需的和平状态，"逾三十年，有耕无战"，对宋夏双方都有好处，"使蕃汉之民，为尧舜之俗"。

接下来，范仲淹正面分析、痛斥李元昊无理之处，还就解决宋、夏之间矛盾，向李元昊正式提出了自己的建议。他写道：

元昊你继位以后，僭越皇帝称号，本来就不合适了，竟然又放弃宋朝封赏，"大王以本国众多之情，推立大位，诚不获让，理有未安。而遣行人告于天子。又遣行人归其旌节"，实在过分，但是我朝皇帝没有怪罪，"省初念终，天子何负于大王哉"！

你却继续一意孤行，发动战争，"二年以来，疆事纷起，耕者废耒，织者废杼，边界萧然"。难道只对我朝子民造成伤害吗？你的人民也同样遭受着痛苦，"岂独汉民之劳弊耶？使守战之人，日夜豺虎，竞为吞噬，死伤相枕，哭泣相闻"。

我受命来到这里，指挥战事，我朝皇帝对我抱有很大期望，"而命之曰'有征无战，不杀非辜，王者之兵也，汝往钦哉'"！过去我们算同朝为臣，就是兄弟，我忍不住替你考虑了一些问题，"可不为大王一二而陈之"。

第一，你僭越皇帝的称号，这是"名不正则言不顺，言不顺则事不成"。就元昊你的身份来说，"如众情莫夺，亦有汉唐故事。单于、可汗，皆本国极尊之称，具在方册"。我料想你是把自己比作契丹的辽，但是，辽是在我朝之前建国称帝，而西夏党项是接受我朝册封，你们两者"究其体势，昭然不同"，你不能学辽。

第二，你称帝建国的后果是"徒使疮痍万民，拒朝廷之礼，伤天地之仁"，违背了仁，就不可能国祚绵长。唐末五代天下大乱，"后唐显宗祈于上天，曰'愿早生圣人，以救天下'"。我朝太祖就是应了这个祈祷而降生，"及历试诸难，中外忻戴，不血一刃，受禅于周"。此后，南征北战，"由是罢诸侯之兵，革五代之暴，垂八十年，天下无祸乱之忧"。接着，太宗皇帝收复吴越、北汉。真宗皇帝时与辽修好，接受你父亲的投诚，"自兹四海熙然同春"。而我朝现任皇帝，仁德最盛，"故四海之心，望之如父母，此所谓以仁获之，以仁守之，百世之朝也"。

第三，我猜测你起兵之初，是受人离间，"妄言边城无备，士心不齐"，所以你发兵进攻我朝。可是，两年时间过去了，我朝军民拼死血战，并没有人投靠你。

当初说我朝人心不齐的离间者,他的话还可信吗?

我朝人心统一,也有刘平这样忠勇能战的大将,你们领教过他的厉害。反观西夏,只是一时偷袭得手,可不是长久之计。春秋时郑国大夫子产说"小国无文治而有武功,祸莫大焉",你们西夏就是徒有武功的小国。现在我们军威大振,"今边上训练渐精,恩威以立,有功必赏,败事必诛",将帅士兵求战心切,"莫不各思奋力效命,争议进兵"。我们已经集结了40万军队,约好5路进军,"生降者赏,杀降者斩;获精强者赏,害老幼妇女者斩;遇坚必战,遇险必夺,可取则取,可城则城"。此举即便不能攻入你的国都,西夏军民的伤亡也会很大。这是元昊你咎由自取。

我又想起我朝皇帝的训示,考虑到宋、夏士兵的伤亡,他们又没有罪过,却要因为元昊你个人的决定而出生入死,"忠孝之人,肝脑涂地,积累怨魄,为妖为灾,大王岂可忽诸"!夏竦、韩琦和我商议之后,觉得可以征询一下元昊你的态度。

你如果同意罢兵,放弃称帝建国,于国于民有八项好处:第一是天下人会感念你,"大王如能以爱民为意,礼下朝廷,复其王爵,承先王之志,天下孰不称其贤哉";第二是你考虑改称"单于"或"可汗","如众多之情,三让不获,前所谓汉唐故事,如单于、可汗之称,尚有可稽,于本国语言为便,复不失其尊大";

第三是宋、夏人民都得到喘息，"但臣贡上国，存中外之体，不召天下之怨，不速天下之兵，使蕃汉边人，复见康乐，无死伤相枕，哭泣相闻之丑"；第四是我朝会厚赐西夏，"又大王之国，府用或缺，朝廷每岁必有物帛之厚赐，为大王助"；第五是元昊你的手下也会受封官职，"又从来入贡，使人止称蕃吏之职，以避中朝之尊。按汉诸侯王相，皆出真拜，又吴越王钱氏有承制补官故事，功高者受朝迁之命，亦足隆大王之体"；第六是元昊你可以统领周边羌人部落，"昨有边臣上言，乞招致蕃部首领，某亦已请罢。大王可告谕诸蕃首领不须去父母之邦，但回意中朝，则太平之乐，逼迩同之"；第七是允许宋朝子民投效西夏，"国家以四海之广，岂无遗才？有在大王之国者，朝廷不戮其家，安全如故，宜善事主，以报国士之知。唯同心向顺，自不失其富贵，而宗族之人，必夏忧恤"；第八是榷场贸易可以恢复，"又马牛驼羊之产，金银缯帛之货，有无交易，各得其所"。

元昊你如果同意，"则上下同其美利，生民之患，几乎息矣"；反之，你如果不同意，那么西夏上下就享受不到这些好处，百姓的忧患，也不知何时消除。我现在说这些话，"非独利于大王，盖以奉君亲之训，救生民之患，合天地之仁而已乎"！希望元昊你做出正确选择。

范仲淹在书信中表达了底线——撤销帝号，而土地、人民、财帛等问题，都可以商谈。然而，英雄如元昊，当然不会轻易就范，尤其是目前，西夏在战场上占据着绝对优势。范仲淹等人虽然在各方面积极努力，但是军队战斗力的提高，终归不能一蹴而就。庆历二年（1042年）闰九月，泾原路再遭"定川寨之战"败绩，范仲淹、韩琦驰援泾州，形势始得稳定。时至庆历三年（1043年）四月，范仲淹、韩琦被召回开封。五月，陕西路转运使孙沔上书，批评宰相吕夷简当为宋夏开战以来3场大败负责，吕夷简随之罢相。八月，范仲淹出任参知政事，与韩琦、富弼一同执政，3人一起推动了"庆历新政"的展开。

庆历新政的核心内容在于整顿吏治，严格官员考核和晋升，这引起了守旧官僚的不满。于是，庆历四年（1044年）六月，心怀叵测的夏竦设计污蔑富弼意图废立。宋仁宗并没有上当，但是范仲淹内心非常不安，他希望暂时躲过反对派的攻击，便主动要求巡边。此时，宋夏之间形势趋于稳定，不再迫切需要改革来团结人心，所以，宋仁宗也希望尽快消弭庆历新政引起的争议，就任命范仲淹为陕西、河东宣抚使。

时隔一年两个月，范仲淹再次外放。他在途中拜会了致仕在家的吕夷简，说自己暂时去陕西、河东，很快会再回开封。吕夷简却说："君此行，正蹈危机，岂复再入？"意即范仲淹一离开开封，守旧官僚只会加紧攻击新政，庆历新政就不可能再继续下去。

八月，范仲淹回到陕西，他修复了麟州、府州故城，安置了难民。然而，吕夷简预料的局面也出现了：范仲淹离朝，新政失去了领袖。富弼、韩琦、欧阳修等新政支持者相继被外放离朝，李绚等或被罢或被贬，庆历新政彻底失败。

范仲淹第二次赴陕，待了一年半时间。庆历五年（1045年）调往邓州，经过京兆时，与郑戬把酒话别，作《过长安醉别资政郑侍郎》诗：

乡关交复亲，把酒且逡巡。

共上青云路，相看白发人。

有为须报国，无事即颐神。

故素几云在，风音莫厌频。

此后，再未回到陕西。皇祐四年（1052年），范仲淹病逝于徐州。消息传到陕西，民间反响强烈，尤其是羌人，"羌酋数百人，哭之如父，斋三日而去"。范仲淹的庆历新政虽然失败，但是他在陕西前后4年多时间，留下的功绩、诗词和精神，都值得人敬慕仰瞻。

第三章 『秦甸山河半域中,精英孕育古今同』
——张载和关学

11世纪中叶,一代名儒张载创立"关学",使唐朝后期开始衰落的关中地区的学术文化再次活跃起来。张载及其学说在当时影响极大,是"宋学"的重要组成部分。

张载长期在长安等地讲学。在他的学生中,以长安蓝田吕氏昆仲声名最著。吕大忠、吕大钧、吕大临3人,再加上北宋名相吕大防,被尊称为"蓝田四吕"。

一、张载生平及学说

范仲淹在陕期间建树良多，最难能可贵的是，在处理冗杂的军情政务的同时，他还留心着文化教育事业。范仲淹在延州（今陕西延安）创建的嘉岭书院，是有史可查的陕西历史上的第一所书院。这期间，范仲淹还曾当面点拨过时年20岁的张载。张载后来成为创立宋学的重要流派"关学"的一代鸿学硕儒。

张载，字子厚，生于宋真宗天禧四年（1020年），卒于宋神宗熙宁十年（1077年）。其实，张载并不是陕西人，他祖籍开封（今河南开封），幼年时，随父亲张迪寓居涪州（今四川涪陵）。未承想变故陡生，张迪病逝于涪州知州任上，张载和弟弟张戬年纪幼小，全家困顿无着，以至无力返回故里，最终辗转落脚凤翔府郿县（今陕西宝鸡眉县）横渠镇，横渠遂成为张载的第二故乡,日后人们便敬称他为"横渠先生"。

张载"少孤自立,志气不群",喜欢阅读兵书,有志从戎。宋仁宗宝元、康定年间(1038—1041年),宋夏交兵,张载正值青春年少,满腔豪情,"慨然以功名自许"。他上书范仲淹,力陈自己要集合志士,去夺回失守的洮西之地。范仲淹很赏识张载的"远器",不想他贸然置身险地,便谆谆教诲他说:"儒者自有名教可乐,何事于兵?"又亲手赠他一部《中庸》。

张载从此收心专攻学问之道,以15年时间,遍览儒、佛、道诸家之学。宋仁宗嘉祐(1056—1063年)初年,张载自感学业初成,昂然出关东去,至开封开坛授徒,讲解《周易》,一时之间,"听从者甚众",一举成名。

当时在开封城中,最有名望的学者首推程颢、程颐兄弟。他们与张载还是亲戚,是张载表兄弟之子,是晚辈。"二程"分别比张载小12岁、13岁,不过,张载与"二程"讨论《周易》之后,十分服膺"二程"的学问见解,他对自己的学生说"吾不及也",就不再讲授《周易》了。张载乃是磊落通达的君子,通过与"二程"的学术交流,他进一步圆融了自己的学说体系,他说:"吾道自足,何事旁求!"从此更加坚定了自己作为儒学学者的自觉。

嘉祐二年(1057年),张载考取进士,从此开始了12年的仕途生涯。张载长时间在地方任职，历任祁州（今河北保定安国）司法参军、云岩（今陕西延安宜川）知县、渭州（今甘肃平凉）军事判官等职。张载的施政理念是"以敦本善俗为先"，移风易俗，提倡尊老孝亲。他特别重视听取民声，在云岩时，每月初一日都召集寿高年长者饮宴，并亲自劝酬行礼，"使人知养老事长之义，因问民所苦"。在具体施政环节，张载充分发动乡里耆老，他会耐心细致地与乡里耆老交流，令其向乡民转达自己的政令教谕，之后，还亲自询问乡民是否听到了他转达的话。如果乡民回答不知道，就要责罚那个传话的人。如此一来，在张载的治下，"故教命出，虽僻壤妇人孺子毕与闻"，从而使得乡里风气为之大变。

张载的才能很快得到各方面认可，在渭州时，他深得环庆经略使蔡挺的欣赏和信任，两人经常共同商议地方军情政务，张载的军事才干在此时得以发挥。他提出停止官兵换防制度、招募当地民众参军驻守等建议，还曾劝说蔡挺取军资数十万救济灾民。

宋神宗熙宁二年（1069年），御史中丞吕公著赞扬"张载学有本原，四方之学者皆宗之"，并向留心延揽人才的宋神宗推荐。宋神宗于是召见张载，询问治国之道。张载回答："为政不法三代者，终苟道也。"这一看法与王安石如出一辙，都能为变法改革提供合理的理

眉县横渠镇张载祠

由，自然正中宋神宗下怀，宋神宗当即表示要"大用卿"。张载推辞说自己从外地奉召入京，并不了解朝廷新政，需要观察一段时间才能有所建言。宋神宗认为此言在理，命他留在开封，出任崇文院校书。

王安石前来询问张载对新政的态度，张载的回答很有深意，他说：您与人为善，那么大家都会尽力，但是您如果"教玉人琢玉"，那么就是强人所难了。

"教玉人琢玉"的典故出自《孟子·梁惠王下》，意思是工匠雕刻玉石自有方法和规则，如果国君强迫工匠按照自己的想法去动手，则只会破坏玉石，治国的道理亦是如此。

可见，张载赞同渐进式改革，反对强制、过激的措施。王安石听了这番话，却认为张载在暗讽自己专断妄为，很不高兴。不久，派张载去明州（今浙江宁波）审理苗振贪污案。监察御史程颢反对说："张载以道德进，不宜使治狱。"王安石不听。

结案后，张载回京。此时，张载之弟、监察御史张戬与王安石就新法发生争论，"为安石所怒"。眼见朝政纷扰，张载很不自安，"漫然清世一闲人"才是他内心追求的生活状态。于是，50岁的张载索性辞官，回到横渠隐居。

从宋神宗熙宁三年（1070年）开始，张载持续了6年长夜孤灯、传道授徒的耕读生活。张载其人气质严肃，"望之俨然"，然而品性悲天悯人，遇到饿殍，则叹息良久，终日不食。张载家有数百亩土地，可以自足，但若有学生陷入困窘，他必定拿出财米，与之共用，所以也不富裕。

"居恒以天下为念"的张载倾注全部心血于苦读、冥思、著述、传授，"有妙契虽中夜必取烛疾书"。他认为，自己的学说"得诸心"，由此形成文字"修辞命"，以此来"断事"，如果命辞、断事都"无失"，他的学术才圆满了，"吾乃沛然"。

张载勤于笔耕，著述极丰，可惜后世有所散佚，保存到今天的有《正蒙》（包含《西铭》《东铭》）、《横渠易说》、《经学理窟》、《张子语录》、《文集佚存》、《拾遗》等，由章锡琛点校整理为《张载集》一书，由中华书局在1978年出版。

后人总结张载学术思想的特点是"以《易》为宗，以《中庸》为的，以《礼》为体，以孔、孟为极"。他在书房的两扇窗板上，分别题写了两篇铭文，东为《砭愚》、西为《订顽》，后来在程颐的建议下，改为《东铭》《西铭》。其中的《西铭》集中阐释了张载的核心学术思想，是张载、"二程"开示学生的必学教材。

乾称父，坤称母；予兹藐焉，乃混然中处。故天地之塞，吾其体；天地之帅，吾其性。民，吾同胞；物，吾与也。

大君者，吾父母宗子；其大臣，宗子之家相也。尊高年，所以长其长；慈孤弱，所以幼其幼。圣，其合德；贤，其秀也。凡天下疲癃、残疾、茕独、鳏寡，皆吾兄弟之颠连而无告者也。

"于时保之"，子之翼也；"乐且不忧"，纯乎孝者也。违曰悖德，害仁曰贼，济恶者不才。其践形，唯肖者也。

知化则善述其事，穷神则善继其志。不愧屋漏为无忝，存心养性为匪懈。恶旨酒，崇伯子之顾养；育英才，颍封人之锡类。不弛劳而底豫，舜其功也；无所逃而待烹，申生其恭也。体其受而归全者，参乎！勇于从而顺令者，伯奇也。

富贵福泽，将厚吾之生也；贫贱忧戚，庸玉汝于成也。存，吾顺事；没，吾宁也。

全文的大意是：

天属阳，如父居上；地属阴，如母位下，渺小的我们，由天地阴阳交感而化生，如子女处于天地之间。天地之间充盈着气，我们身体由此而来。天行健、地势坤，是天地之志，决定着天地之气的属性，也决定着我们的本性。既然天地之气、天地之志造就了人，乃至世间万物的形体、品性，那么世间所有人都是我的同胞手足，甚至世间万物都与我同类。

人间君主是天地的宗亲嫡子，替天地管理世间秩序，大臣百官辅佐天地的宗亲嫡子，相当于家臣。因为世间万民的父母都是天地，所以孝敬天下的年长者，就是孝敬我自己的长辈。因为天地的孩子是世间万民，所以爱护天下的孤弱者，就是爱护我自己的晚辈。君主贤良顺应天地的意志和规则，如同兄弟昆仲顺应父母的意志和决定。贤良之人才情德能高过普通人，如同兄弟之中有人比同辈更优秀。从世间万民都是天地之子的角度看，世间所有衰老残疾、无依无靠、鳏夫寡妇，都是我无处申诉的兄弟，都应该关爱。

顺应天地意志，遵守世间秩序、敬老爱幼的人，才尽到天地之子的责任。感受天地之乐，内心没有惊忧，是真正孝顺之人。不顺应天地，就是悖德。不孝天地、不爱万物，伤天害理，就是贼。助纣为虐，襄助悖德或帮贼的行为，就是不才。只有不违背天地，才能成为真正的人。

通晓天地变化、明了世间奥秘，就能很好地继承和发展天地之事和天地之志。诚心事天者，无愧于天地之间，他们珍存本心、涵养德行，毫不懈怠地事天爱人。

崇伯之子大禹，不敢饮用美酒，因为喝酒误事，不能很好地孝顺父母。郑庄公怨恨母亲武姜支持弟弟共叔段作乱，把母亲流放城颍，并立誓"不及黄泉，无相见也"，（不到黄泉永不相见）。颍考叔自己孝顺，就影响旁人也行孝，他劝导郑庄公也要孝顺母亲，出主意挖地出水，母子相见，则无违誓言，郑庄公母子这才恢复关系。舜的父亲、继母和弟弟象多次为难舜，但舜持续地努力，终于使父母满意了，这便是舜行孝之功；晋献公太子申生受到父亲的爱姬骊姬的陷害，但是申生不逃走，静待迫害，最终自缢而亡，这是申生对父亲的恭顺。曾参临终前，吩咐弟子："启予足！启予手！"意思是看看我的手脚有没有损伤，将天地之气化成的身体，完整地归还给天地父母；西周名臣尹吉甫受后妻蛊惑，驱赶前妻之子伯奇，伯奇有勇气遵从父命，离家流浪，作《履霜操》，投河而死。

富贵福泽拜天地所赐，可以使人生活优渥，人们可以更好地事天爱人；贫贱忧戚也是天地所赐，可以砥砺磨炼你我的才能、道德。在世时，我们事天爱人；故去后，我们无愧于心。

简单来说，张载认为：气是大千世界的起源，人要通过修德成仁，还原自身的气。既然人与人、人与物、人与世界本源相同，那么就应该"民胞物与"，爱物、爱人、爱一切，由此与宇宙万物融为一体，"可达天德"。

在当时，张载的学说被称为"关学"，与"二程""洛学"平分秋色。张载的学术活动，带动了宋代京兆陕西的学术繁荣，聚集在张载周围问学的学子越来越多，其中一些人在日后更取得了不凡的成就。张载除了讲说自己的学术思想，还积极提倡恢复《周礼》，他亲自带领学生事亲奉祭，涵养仁德。最特别的一点，是张载主张恢复"井田制",也就是土地不许买卖,平均分配,具体分配方法是把土地按"井"字格分成9块,外围8块为私田,交无地或少地农民耕种,中间1块为公田,农民耕种完自己的私田,就来耕种公田。张载认为,这是遏制土地兼并、减轻贫富分化的有效手段。他还把这一主张上书宋神宗,同时还联络同道,打算买地进行井田划分。

此时正是宋神宗熙宁九年(1076年),宋神宗召张载同知太常礼院,负责朝廷礼仪事物。张载见自己在古礼领域的学说和主张得到朝廷认可,非常欣慰,不顾病患在身,启程赴汴。可惜,一方面由于变法派、保守派党争犹在,另一方面由于张载恢复古礼的主张本来就有争议,张载在开封期间的多次上书都不得允准。

张载意兴阑珊,于熙宁十年(1077年)第二次辞官回籍。十二月,张载一路西行至临潼病发不支,于夜间病逝,时年57岁。

关学门人弟子闻讯从关中各地奔丧而至,见老师身后无余资,便出钱收殓,归葬横渠大镇谷迷狐岭。嗣后朝廷下诏优抚,归葬涪州。至南宋宁宗嘉定十三年(1220年),赐谥"献"。元代,在横渠建起张载祠,后世多次修葺,保留至今。

二、蓝田四吕

张载为宋学代表人物之一,他创立关学,使唐朝后期开始衰落的关中地区学术文化,再次活跃起来。早在归隐之前,张载就多次在京兆、武功(今陕西咸阳武功)等地讲学,故其及门弟子颇多,有名可查者,有苏昞、范育、游师雄、种师道、潘拯、李复、田腴、邵清、张舜民、薛昌朝等,其中最有名的,无疑就是蓝田吕氏昆仲。

蓝田吕氏始自太常博士吕通,吕通生子吕英、吕蕡,吕蕡为比部郎中,生子6人:吕大忠、吕大防、吕大钧、吕大受、吕大临、吕大观。其中,吕大受早夭,其余5子全部科举高中,尤以吕大忠、吕大防、吕大钧、吕大临名声显扬,世称"蓝田四吕",而吕大忠、吕大钧、吕大临3人,都从学于张载。

吕大忠字进伯，亦作晋伯，他在宋仁宗皇祐五年（1053年）得中进士，比张载登科还早。登第后，吕大忠历任华阴（今陕西渭南华阴）尉、晋城（今山西晋城）知县，后又统领陕西义勇民兵。这期间，他分析汉代屯田制度、唐代府兵制度的优势，建议恢复汉唐旧制。

宋神宗熙宁年间，辽派遣使者萧素、梁颖向北宋讨要代州（今山西忻州代县）以北之地。吕大忠与辽使谈判，"数与素、颖会，凡议，屡以理折之，素、颖稍屈"。辽方只得改派使者，再次向北宋提出领土要求。宋神宗召宰相及吕大忠等商议，打算答应辽朝。吕大忠坚决反对，坚持不可分割国土。最终宋辽达成分界协议，代州得以保存。

元丰年间（1078—1085年），吕大忠出任河北转运判官，对新法理财提出异议。宋哲宗元祐（1086—1094年）初年，调任陕西转运副使，知陕州、知秦州，绍圣二年（1095年），知渭州。这期间，吕大忠关心民生，亲自组织收购粟米工作，预防地方豪族操纵渔利，"民喜，争运粟于仓，负钱而去，得百余万斛"，百姓、官府两相得利。

在对待西夏方面，吕大忠看透了西夏得寸进尺，实则外强中干的本质。"夏人强则纵，困则服，今阳为恭顺，实惧讨伐。"主张在外交上对西夏采取强硬措施。

但是，他不主张采取主动军事行动，而是延续范仲淹的战略战术，进筑堡寨，不求近功。这时，朝中章惇、曾布等主张对西夏用兵，认为吕大忠反战，改任其知同州（今陕西渭南大荔）。不久，吕大忠致仕，卒于家。

吕大忠为人"刚毅质直，勇于有为"。张载评价他"笃实而有光辉"，程颐及"程门四先生"之一的谢良佐不约而同地称赞吕大忠好学。吕大忠注意到陕西历代碑石未受重视，屡遭天灾人祸而损坏，深感痛心，出力用心搜集历代碑石，将包括唐玄宗书写、唐肃宗题写碑额的《石台孝经》，还有唐文宗开成二年（837年）刻成的《开成石经》，以及颜真卿、柳公权等书法家的碑刻，一并送往京兆府学之内保管，这就是后来著名的西安碑林的肇始。

吕大忠在陕期间，每次经过府学，听到讲授《论语》，一定要整理衣冠，表情庄重，他说："圣人之言在焉，吾不敢不肃。"他的僚属马涓是状元出身，经常自夸，吕大忠便开诚布公地教导说：状元是科举的称呼，你现在是官员，还用未当官时的称呼合适吗？"今科举之习既无用，修身为己之学，不可不勉。"又点拨他处理政务的能力。如此言传身教，终使猖狂的马涓彻底折服，甘心拜吕大忠为师。

吕大忠的二弟吕大钧，字和叔，在宋仁宗嘉祐二年（1057年），与张载同年考取进士，不过他年龄比张载小10余岁，与张载交谈之下，甚为投契，于是"往执弟子礼问焉"。

吕大钧先后在秦州（今甘肃天水）、延州（今陕西延安）、三原（今陕西咸阳三原）等地为官，后来父亲吕蕡年纪渐大，吕大钧便居家陪伴，直到宋神宗熙宁七年（1074年）吕蕡去世。吕大钧与兄弟们用古礼操办了父亲的丧事，之后又守孝3年。熙宁九年（1076年），吕大忠等起复出仕，吕大钧却选择继续居家，磨砺学问，教化乡里。熙宁十年（1077年）张载去世，吕大钧更加努力，"益修明其学"，身体力行地传承和推广老师张载的学说思想。他制定出中国历史上第一个成文乡规民约《吕氏乡约》，核心内容是："德业相劝，过失相规，礼俗相交，患难相恤。"并有《乡仪》作为日常生活规范。这套规则对于乡里互助自治、治安保全、敦化风气都大有裨益，后人盛赞"关中风俗为之一变"。元丰（1078—1085年）初年，程颐到关中讲学，对吕大钧的所作所为大加肯定："任道担当，风力甚劲。"

元丰三年（1080年）八月，吕大钧被任命为诸王宫教授，他写出《天下一家中国一人论》，发挥了张载的思想，提出"视天下犹一家，中国犹一人"。不久，在知秦州任上的吕大防召他为监凤翔府造船务，负责流经此地的渭河造船事务。此后，宋夏之间再次爆发战争，吕大钧成为鄜延路转运司属官，在此期间，他成功安抚了主将种谔，使得转运使李稷没有遭受种谔的责难。可惜数月后，吕大钧就病逝于延州。

吕大钧始终"以圣门事业为己任"，受张载影响极深，"尤喜讲明井田、兵制"，他用心学问，更致力实行，曾经说"如有用我者，举而措之而已"。在病中，他依然命人打扫屋子，自己正襟端坐，静待门人弟子前来问学。病逝后，其乡里故旧纷纷赶来，"相率迎其丧，远至数十百里"。正是因为他在居家、仕宦的几十年里修身养德、亲爱闾里，才能如此感化人心。

在蓝田吕氏兄弟之中，老四吕大临是比较特殊的一个，他迎娶了张载之弟张戬的女儿为妻，在关学中的地位与众不同，但是他又拜入"二程"门下，成为"程门四先生"之一，是真正融通关、洛二学派之人。

吕大临，字与叔，大约出生于宋仁宗康定元年（1040年）。嘉祐六年（1061年）登第，不过他无心仕途，迁延20年始得一小官。他的志趣，全在于学问。张载点评说"吕与叔资美"，程颐更是认为吕大临"深潜缜密"，犹胜吕大钧。朱熹也推崇吕大临，认为他在程门弟子中"高于诸公，大段有筋骨"。后世普遍认为，在吕氏兄弟中，吕大临学术成就最高。

据《宋史》载，吕大临"通《六经》，尤邃于《礼》"。他先后为《周易》《尚书》《诗经》《礼记》《论语》《孟子》《老子》等典籍作注，写下学术著作10余种，

吕大临墓出土仿周代石敦及石敦腹壁錾刻铭文

其中《西铭解》是对老师张载学说的分析和发挥，在当时影响很大。此外，吕大临还著有《考古图》一书，这是中国最早的著录和研究古代青铜器、玉器及其铭文的专著，收录当时官府、民间收藏的各类器物计238件。所以，吕大临不仅是经学家，还是金石学家。

吕大临是关学的继承者，"守横渠学甚固"，他写有《克己铭》，其中很多话都渊源于张载的观点，如"凡厥有生，均气同体""志以为帅，气为卒徒""孰曰天下，不归吾仁"等语，与《西铭》的思想一脉相承。

张载主张"君子诚之为贵"，吕大临也在《克己铭》中写道："大人存诚，心见帝则。"把"诚"作为重要的道德标准和目标，努力践履在日常生活的待人接物之中。从学"二程"门下后，程颢"语之以体仁"，吕大临深有所感，从此"言如不出口，粥粥若无能者"，并赋诗一首："学如元凯方成癖，文到相如始类俳。独立孔门无一事，只输颜子得心斋。"从此专注于涵养性情，而不是铺排章句，程颐赞其"敦笃"。

吕大临虽然长时间游离于政治之外，但是他并没有完全与世隔离，而是以自己的方式参与时政。当宋神宗即位后，锐意改革，熙宁二年（1069年）王安石拜相，变法改革的大幕全面拉开。然而，洛学学派上下并不认同王安石的主张，在政治立场上，他们属于保守派，在学术见解上，他们与王安石的"荆公新学"分属两家。这时，吕大临给保守派老臣富弼写了一封信，内容颇耐人寻味。

此时距离庆历新政失败，已经过去了25年，杜衍、范仲淹已经相继病逝。当年的新政核心人物富弼、韩琦与变法派政见不合。富弼自请离朝，他一来为纾解心中郁结，二来为转移朝野视线，甚至在家中信起了佛教。

论年龄，吕大临比富弼小了30多岁；论资历，富弼是三朝元老，而吕大临空有功名却未做过官。可是，吕大临却严肃地给富弼写了一封信，直截了当地批评富弼信佛之举有违他的身份：

古者三公无职事，唯有德者居之，内则论道于朝，外则主教于乡。古之大人当是任者，必将以斯道觉斯民，成己以成物，岂以位之进退、年之盛衰而为变哉？

今大道未明，人趋异学，不入于庄，则入于释。疑圣人为未尽善，轻礼义为不足学，致人伦不明，万物憔悴，此老成大人恻隐存心之时。

以道自任，振起坏俗，在公之力，宜无难矣。若夫移精变气，务求长年，此山谷避世之士、独善其身者之所好，岂世之所以望于公者哉？

这封信的大意是：古时三公没有具体职司，全依靠自身德行影响时势，对内体现在君臣论道，对外体现在教化乡里。古时出任三公者，都以圣贤之道启发黎民，成就自己的同时也成就天下苍生，难道会因为官职升降、年寿增长而改变吗？

现在圣贤之道并不昌明，人们会采信异端之说，不是信奉道教，就是信奉佛教。他们怀疑周公、孔子等圣贤也没有臻于真善，看轻礼义以为不需要学习，这导致人伦不明、万物困顿，这正是老成之人心怀忧虑的时刻。

以心怀圣贤之道为己任，改变败坏的世风，就您的能力来说，也没什么困难。如果您改变心志，转去尊奉佛道，只为追求益寿延年，这是隐居遁世之人和观照自身之人的追求，难道这是世人对您的期望吗？

吕大临这封信措辞可谓严厉，背后却另有深意。其实，富弼闲居洛阳之后，依然关心朝政变化，数次上书宋神宗，阐述异见。而他以关学、洛学省察内心的标准来警示富弼，一方面展现了他朴质的学者心性，另一方面也反映了当时关学、洛学学派中人与王安石荆公新学对立，希望富弼能表明立场，与洛学结为同好。

见多识广的富弼应该看出了吕大临或者是洛学学派的意思，他客气地回信吕大临"谢之"，算是不排斥吕大临及洛学。这样，从结果上看，吕大临这封信，基本达成了目标。从这件事可以看出，吕大临其实深具政治智慧和眼光，并非一个木讷不通的学究。

宋哲宗元祐七年（1092年），吕大临得到范祖禹的举荐，被任命为太学博士、秘书省正字，可惜时隔不久，大约在元祐八年（1093年），刚刚五十出头的吕大临便亡故了。

蓝田四吕中，老二吕大防官运最为亨通。他23岁考中进士，在宋哲宗元祐三年（1088年）荣登相位，直到绍圣元年（1094年）去职，是保守派"元祐老臣"核心人物之一。吕大防虽然不是出身关学，但是，后世学者评价他与张载"同调"，则他与关学关系之密切亦可见一斑。

第四章 「将军誓守不誓战,战士避死不避生」
——宋金关中地区交兵

为了应付经年累月的宋夏战争,长安乃至陕西地区各级北宋官员进行了多项改革,以适应战时经济、军事等方面的实际需求。这些改革,直接为公元11世纪中叶宋神宗、王安石开展变法,提供了经验和思路。

宋神宗死后,北宋朝政逐步陷入党争的泥淖。公元1125年、1126年,北方金军两次南下侵宋。陕西"西兵"多次驰援中原。公元1130年,宋金之间发生"富平之战",宋军大败,金军战线前推至陕南,与宋形成对峙。

一、北宋中后期京兆关中地区社会矛盾及改革

北宋时,京兆陕西地区并非一方净土乐园。由于京兆陕西地处宋夏、宋辽前线,所以,当地百姓在承担正常的赋税、徭役负担之外,还要承担庞大的军费负担、贡赋支出。而且,中国古代土地私有制度发展到一定阶段,都会产生土地兼并、地主高利贷等痼疾。宋徽宗建中靖国元年(1101年),延安知府范纯粹上书指出,陕西地主豪富违法致富,"贪污猥贱,无所不有"。这导致平民百姓与朝廷官府之间、朝廷官府与地主豪富之间、地主豪富与平民百姓之间,都存在着不小的矛盾甚至裂痕。

这些矛盾往往在出现自然灾害时剧烈爆发。宋仁宗庆历三年(1043年)八月,张海领导的商州(今陕西

商洛）农民起义。当年夏天，陕西发生旱灾，灾害面积广大、受灾人口众多，不少饥民为食所迫，来到山高林密、人迹罕至的商洛山区。本来商洛山中就有郭邈山、李铁枪等绿林势力活动，现在逃难人群聚集，终于爆发了大规模起义。

其中，李铁枪的手下张海，本来是宋军逃兵，作战勇敢，富有军事经验，迅速成为主要领导人。他团结了各支队伍，以商洛山为基地，四面出击，采取流动作战方式，在今陕西、河南、湖北等地，多次击败宋军，攻下了金州（今陕西安康）、顺阳（今河南南阳淅川）等地。

基于农民起义快速机动的习惯，张海领导的部队本身并不庞大，但是号召力十分惊人，"穷民见其豪盛，各生健羡，聚成徒党，胁取州县，事势渐次扩大"。比如光化军（今湖北襄阳老河口）军吏邵兴，带领500余人起义，驱赶知军韩纲，响应张海。邵兴的队伍一路北上，策反了商州筑钱监配军2000余人，打败永兴东路都巡检使上官琪率领的宋军，攻入兴元府（今陕西汉中）。

北宋朝堂对张海起义非常重视，富弼、欧阳修等人相继上书，主张派重兵围剿。富弼指出，秦末、隋末、唐末起义军都是由小到大发展起来，何况张海所部现在所向披靡。于是，北宋祭起围剿起义军的必杀技：调集大军，压缩起义军的活动空间，将起义军围堵在陕西。同时，抽调了范仲淹的部队南下。

经过激战，起义军的力量逐渐耗尽。十一月，邵兴兵败兴元；十二月，张海战死，其他义军领导人也相继被击杀。这次商州起义历时3个月，最终被北宋政府镇压下去了。起义军缺乏统一领导、无法占据根据地获得补充是失败的主要原因，但是这次起义也暴露了京兆陕西地区的社会矛盾，以及北宋朝廷军政措施的弊端。"张海一岁之内，恣行残暴，京西十余郡，幅员数千里，官吏逃窜，士民涂炭"，起义提醒着北宋朝野上下，需要适时进行改革。

最先在京兆陕西推动改革的是范祥，他是地道的陕西人，籍贯邠州三水（今陕西咸阳旬邑），长期在陕西地方任职。范祥最擅长的领域是在经济财税，"晓达财利，建议变盐法"，他针对京兆陕西食盐产销弊端，提出了自己的改革方案。

陕西作为边防前线，屯驻大量军队，北宋朝廷千方百计地满足军粮供应、增加军费开支。除了军粮，军队还需要布料、木材等其他物资。与前代王朝一样，北宋朝廷主要通过食盐专卖获取利润，采买军队所需物资。食盐作为日常生活必需品，受到北宋朝廷严格控制，当时，京兆陕西地区食盐产销有两种形式：

一是禁榷制。北宋朝廷规定，山西解盐专销陕西，其生产、收购、运输和销售全过程，由官府负责，通过征发百姓徭役或分派厢兵来承担具体工作。然而，禁榷制效率低下、腐败严重，百姓、士兵不堪其苦，"以致兵士逃亡死损，公人破荡家业"。而且，收益归陕西地方，并不能给驻陕军队直接提供支持。

二是入中制。运送军需物资到前线，换取官府发给的盐引，商人凭盐引去领取解盐，自行销售。入中制的问题在于，商人军需物资与食盐之间的比价不合理，往往是商人虚报价格，"猾商贪贾乘时射利，与官吏通为弊，以邀厚价"，造成官府吃亏，"岁亏官钱不可胜计"。而且，宁夏青白盐通过走私行销陕西，商人凭盐引所领解盐的价格，还高于走私盐的市场价格，商人也无法从中获利。

两种制度各有漏洞，北宋朝廷时而行禁榷，时而行入中，全无定论。庆历四年（1044年），范祥上书指出禁榷、入中的弊端全在于"公私侵渔之害"，并自告奋勇请求整顿盐法。可惜，因为庆历新政失败，引起一系列变动，4年之后，范祥才得以一试身手。

范祥停止禁榷、入中二法，改行"钞盐法"，商人不再运送粮草物资到边地，而是将现钱交给沿边军州，领取盐钞再去领取解盐自行销售。在这一过程中，范祥特别关注盐钞保值，盐钞发行量的稳定就是盐价的稳定，他严格按照山西解池年产盐量发行盐钞，还派出陕西转运司的官员,在开封都盐院内观察陕西盐价。当解盐盐价低时由官府买进,防备商人破产;盐价高时再卖出,防止商人敛财。为了平抑盐价、打击走私盐,范祥除了严禁走私,还组织商人运送内地食盐来陕西销售,由官府定价销售,挤压走私盐市场,最终实现"使盐价有常,而钞法有定数"。另外,范祥打破此前禁令,允许商人运解盐去兴元府(今陕西汉中)、川蜀等地销售,激发了商人的积极性。

钞盐法实行一年,因为解盐运入量减少,盐价升高,而官府动用资金平抑盐价后造成收入有所减少,再加上豪商巨贾、贪官墨吏渔利的机会减少,有人就开始非议钞盐法。北宋朝廷派包拯去陕西调查,包拯支持范祥,认为钞盐法"先有小损而终成大利",又经过朝堂辩论,三司使田况等也支持范祥。

可惜,皇祐五年(1053年),范祥因为擅自修筑堡寨对抗西夏,被认为妄生边事,遭到降职处分。陕西路转运使李参接替范祥主持盐务。在此之前的宋仁宗庆历八年(1048年)到皇祐五年(1053年)间,陕西路转运使李参推出了"青苗钱"(就是允许农户在资金不足、无法播种的时候,预估粮食产量,上报给官府,官府根据该户粮食产量,贷给他现钱,这笔贷款就叫青苗钱),等粮食收成以后,农户按时价、利息,向官府上交粮食。

青苗钱帮助农户摆脱了陷入民间地主高利贷的风

险，避免了农户破产流亡，使其能够留在田地里持续进行粮食生产；官府也获得了稳定的粮食收入；而且，青苗钱产生的利息，增加了官府的收入；此外，还避免了豪富地主的压榨，使农户、官府都有利可图。青苗钱推行数年时间，陕西驻军军粮问题得以基本解决。接替范祥的李参，不知出于什么原因，仓促中止了钞盐法，恢复了入中制，结果几年间，虚报比价之风再起，官府盐税收入大幅流失。

嘉祐三年（1058年），在包拯举荐下，范祥官复原职，继续推行钞盐法。这时，钞盐法的效果逐渐显现出来，除了直接增加朝廷盐税收入，更使得边地军州不再需要朝廷补助，还有余钱"可助边费十之八"。到嘉祐六年（1061年），范祥去世，薛向接任，继续推行钞盐法，"后人不能易。小有增损，人辄不便"。薛向在任8年，进一步修补钞盐法，"行范祥之所未及行"，继续降低盐价，打击走私，完善盐钞发放，增设盐价平抑机构，"民不益赋，其课为最"。

薛向在陕西的贡献，引起正致力于解决朝廷财政困境的王安石的注意。宋神宗熙宁二年（1069年），薛向奉召入京，参与制定和推广"均输法"。钞盐法针对的是军需物资，而均输法扩大到所有朝廷所需物资，以"徙贵就贱，用近易远"为原则，在物资缺乏的地区征收现钱，再到物资丰富地区购入所需物资。通过设置各地发运司，综合掌握开封仓储情况、地方丰收歉收情况，扩大朝廷采买范围，减轻农民负担，打击豪商富户囤积居奇的投机行为。其中，最重要的物资，当然就是东南漕粮。

在薛向入京讨论制定均输法的同时，宋神宗和王安石也注意到了李参在陕西推行的青苗钱，其实，宋神宗早在即位以前，便知道了李参的事迹。不过，李参此时年纪已大，在熙宁初年去世了。王安石直言"依陕西青苗钱例"推出了"青苗法"，不过王安石的用心，比李参更深远。首先，他规定官府贷款利息为十分之二，比民间高利贷利息低，杜绝富户地主盘剥农户的可能；其次，他要求按照贫富程度强制放贷，目的是强迫富户地主也要贷款交息。这扩大了官府放贷人群，但是也引起了富户地主的恐慌，被认为是朝廷蓄意搜刮民间资产，后来引起极大争议。

除此而外，新法中的"市易法、将兵法、保甲法"等都在陕西重点推广。比如将兵法，裁汰50岁以上老弱，新设置"将"一级建置，直接隶属安抚司，由前线将领"分番勾抽"训练。当时，陕西设有42将，占全国92将的46%，兵力约占全国总兵力的43%，一举奠定了陕西作为北宋后期军事重镇的地位。

变法是宋神宗在位时期（1068—1085年），乃至嗣后宋哲宗（1086—1100年）、徽宗（1101—1125年）时期，朝廷施政的重要内容和方向。然而也就是在这一时期，因为对变法的理解不同，朝野上下分裂为以司马光为首的保守派和以王安石为首的变法派两大政治集团，并掀起了旷日持久的党争。

司马光与王安石都主张变法改革，只不过他们对变法的内容和采取的方式有不同的主张。

王安石提出"摧抑兼并"是解决北宋各种问题的根本。民间豪强地主侵吞社会财富，导致朝廷掌握的资源不足，"阡陌闾巷之贱人，皆能私取予之势，擅万物之利，以与人主争黔首，而放其无穷之欲"，所以要动用国家政治权力加强对民间的控制，使民间资源向财税、军事两方面集中。王安石变法正是以均输法、青苗法发轫，先进行经济领域改革，再延伸到军事领域"富国强兵"。由此，王安石认定以前历次改革不成功，就是因为没有触动兼并问题。

然而，司马光秉承着范仲淹"庆历新政"的思路，主张在人事、吏治等领域实施改革，因此他忽略了法制、经济领域的改革。以司马光为首的保守派也注意到了兼并的危害，但他们认为限制兼并的方法是加强礼乐教化、道德约束，使豪强地主在主观上认识到自己的义务和责任。

司马光与王安石的意见分歧，由此产生。司马光认为王安石动用官府力量搜刮民间财资，"欲生乱阶"，会搅乱现行社会规则和秩序。而王安石视司马光等人为"俗儒"，转而提拔新进，排斥保守派。在这样的背景下，京兆及陕西地区作为宋神宗、王安石实行新法的重点地区，陕西籍士大夫们切身感受到新法的利弊，像张载、赵瞻、蓝田吕氏兄弟等，也包括司马光（因为司马光是陕州夏县人，夏县今属山西运城，但是在北宋属永兴军路，所以司马光也说自己是"陕人"）集体反对新法。

于是，在北宋末年，陕西地区出现了一个有趣的现象：保守派掌控永兴军路，变法派掌控陕西沿边五路，司马光在知京兆府期间直接拒绝执行新法。平心而论，由于专制集权体制的痼疾，王安石的设想并不能得到原原本本的贯彻，新法在执行过程中很容易被专制权力扭曲，保守派称之为"官自为兼并"，使弱势百姓受到盘剥和伤害。所以，保守派的一些抵制措施，在一定程度上也是对百姓的保护。

在历史上，王安石变法并没有长期坚持，尤其是在宋神宗死后，保守派全面掌权，司马光矫枉过正，废止全部新法。宋哲宗亲政后，发起"绍述"，变法派卷土重来，但此时的所谓"变法"，几乎已经完全蜕变为敛财和党争，朝野上下人心浮扰。宋徽宗崇宁年间（1102—1106年），打着变法名号的奸臣蔡京变本加厉，指政敌为"元祐奸党"，由宋徽宗、蔡京君臣亲笔书写309人姓名,诏令天下立党人碑。

当京兆刻工安民被叫去刻碑时,安民说:"民愚人,固不知立碑之意。但如司马相公者,海内称其正直,今谓之奸邪,民不忍刻也。"京兆府官员威胁治罪,安民不敢拒绝,哭求不刻自己的名字,以免被后人怪罪,"闻者愧之"。

元祐党籍碑在各地竖立后,又于崇宁五年(1106年)尽数捣毁。现存的两块,一为广西桂林龙隐岩摩崖石刻《元祐党籍》,一为广西柳州融水真仙岩《元祐党籍碑》。其中,《元祐党籍》为宋刻原物,而《元祐党籍碑》已经在明初被毁,现存融水民族博物馆的《元祐党籍碑》当是后世重刻。

二、从"富平之战"到"和尚原之战"

保守派在宋哲宗元祐年间（1086—1094年）总领朝政，随后宋哲宗发起"绍述"，变法派抬头，最终在宋徽宗崇宁年间，蔡京拜相，立元祐党籍碑，以新法为名，行党争之实。

当北宋朝局深陷党争泥淖之时，北方女真族强势崛起，短短10年时间，攻灭辽朝。随后，金太宗对宋开战，在宋徽宗宣和七年（1125年）、宋钦宗靖康元年（1126年），两次出兵南下，最终，在靖康二年（1127年）四月，破开封城，掳走宋徽宗、钦宗二帝并宗室上千人，以及财帛、器物、图籍、书画等不计其数，掳走的百姓有十万之众。

在此期间，北宋朝廷4次从陕西调兵东进抵抗金兵，"独西兵可用"。宋钦宗更是多次表达了迁都京兆的意愿。可惜，种家将、折家将或战死或投降，制置使钱盖、宣抚使范致虚等文臣3次兵败，使前后总计号称30万的"西兵"，几乎损失殆尽。

徽、钦二帝被掳走后，五月，宋徽宗第九子康王赵构在南京应天府（今河南商丘）自立，就是宋高宗，改当年为建炎元年（1127年）。金兵很快卷土重来，兵分两路：东路军由四太子兀术（汉名宗弼）率领，"搜山检海"，追捕宋高宗。西路军由名将粘罕（汉名宗翰）率领，剑指中原。

宰相李纲劝宋高宗入陕，因为"天下精兵健马皆在西北"。不过，宋高宗无心迎战，只求避敌南逃，先退扬州，再去江南，最终落脚杭州，改为"临安行在"。

金兵西路军占领山西、河南后，粘罕派遣大将完颜娄室进兵陕西，从此开启了宋金陕西争夺战。同年冬，娄室利用黄河河面结冰的机会，攻入韩城，此后用短短1个月时间，先后占领同州、华州、潼关、京兆、凤翔等地。陕西经略使唐重战死，关中地区全部落入娄室手中。不过，娄室孤军深入，无法同时应付陕北、陕南两条战线，在遭到宋朝关中军民反抗后，大肆抢掠3个月，率军撤出陕西。

建炎二年（1128年）八月，金兵再次袭来，娄室先入潼关，九月入京兆。随后，趁陕西制置使王庶和都统制曲端不和，于十月攻占鄜、延诸州。十一月，占领陕北。随后，娄室所部在晋宁军（今陕西榆林佳县）遇到宋将徐徽言激烈抵抗，一直到建炎三年（1129年）二月才攻进城中。宋将徐徽言遇害后，粘罕称赞他为"义人"，还处分了下令杀害徐徽言的娄室。

这期间，陕西军民又收复了京兆、鄜、延等地。娄室不得不再次回军，重新攻占这些城池。不久，娄室为了打通与中原的通路，又领兵出关，攻打陕州（今河南三门峡），于是关中各地又被宋朝军民占领。

关中地区3次被娄室占领，3次得而复失，引起金国君臣不满，认为娄室空有武力，无法守住关陕地区，"绥怀之道有所未尽"。于是，决定派遣宗室三太子讹里朵（汉名宗辅，后改宗尧）、四太子兀术出征陕西。金太宗勉励二人夺取关陕重地："关陕重地，卿等其戮力焉。"

就在这年五月，南宋朝廷也派出了朝中最具威望的主战派名臣张浚，出任川陕宣抚处置使，张浚宣称"若欲至中兴，必当自关陕始"，他说动宋高宗同意"趋陕"。十月，张浚抵达兴元府（今陕西汉中），开始排兵布阵。在西兵将领中，都统制曲端军功最高、能力最强，但是狂傲善妒。正是用人之际，张浚只得选择继续信任曲端，同时也提拔了曲端的部将吴玠为统制。当时，军中称赞曲端、吴玠："有文有武是曲大，有谋有勇是吴大。"可是,曲端拒不出兵陕州,导致金兵屠城。建炎四年（1130年）四月,娄室再次入陕。吴玠与娄室正面交战,曲端依然不予支援。

此时,金军挞懒（汉名完颜昌）、兀术聚兵淮南,随时可能渡江南侵,南宋流亡朝廷依然面临着军事压力。张浚决计与娄室进行决战,然而,曲端、吴玠、郭浩、王彦等宋军将领,包括张浚的重要助手刘子羽等一致主守。张浚力排众议,撤换曲端,提拔熙河经略使刘锡为都统制。九月,调集永兴、泾原、环庆、秦凤、熙河五路马步军二十万以上,号称"四十万"大军,在富平（今陕西渭南富平）摆开阵势。

张浚没有想到,金军讹里朵、兀术已经先后率兵进入陕西,驻军下邽（今陕西渭南临渭区）。两军相距80里,秋高马肥,宋、金开战以来最大规模的会战,即将开始。

宋军众将战前合议时,吴玠提出：这片地域地势平坦、东高西低,有利于金军骑兵向下冲杀,不利于宋军布防,所以应该将部队移往高地。刘锡却以为：宋军人数众多,而且阵地前有芦苇沼地,金军骑兵无法发起冲锋。

建炎四年九月二十四日辰时,即上午7点至9点之间,宋将刘锜率领泾原军最先发起冲锋,直扑金军左翼。而金军左翼正是兀术的部队,两军一交锋,果然如刘锡的预料，兀术部下骑兵纷纷陷入泥沼，十分被动。宋军泾原军趁势包围了兀术所在阵地，关键时刻，金军猛将韩常不顾箭伤，奋力保住兀术，使其突围免于被杀。刘锜的进攻持续到未时，即下午1点至3点之间，兀术始终被压制。

到中午时分，金军右翼主将娄室发起了冲锋。金军士卒以木柴泥土铺垫泥沼得以进至宋军营寨前。他们先攻击宋军乡民劳役的小寨，驱赶乡民奔入宋军营寨，宋军阵势一时混乱，娄室趁机猛攻宋军环庆军，"自日中至于昏暮，凡六合战"，而宋军五路大军各自为战，"他路军无与援者"，环庆经略使赵哲临阵脱逃，环庆军随之溃败，紧接着，其他四路宋军全线败退。至此，"富平之战"以金军获胜而结束。

张浚一路南撤，落脚阆州（今四川广元苍溪）。途中，他斩杀赵哲、罢斥刘锡，并以谋反罪名处死曲端，但此举有失军心民心，"陕西军士，皆流涕怅恨，多叛去者"。此后3个月，陕北、关中地区尽为金人所有。富平之战虽败，但也把兀术所部金军吸引到京兆地区，东南压力骤减，岳飞、韩世忠等军得闲回师征讨"群盗"，南宋境内稍稍安定。

绍兴元年（1131年）六月，张浚任命吴玠接替刘锡，出任陕西诸路都统制，驻兵凤翔府大散关以东和尚原（今陕西宝鸡西南）。不久，金军前来抢攻，吴玠稳定军心，初战得胜。十月，兀术亲自领兵来攻。吴玠定计防御，环列强弓劲弩持续发射。金军进攻不果，且战且退，两次遭到宋军伏击，兀术自己也身负两处箭伤。宋军俘虏金军万余人，"兀术之众，自此不振"。随后，兀术被撒离喝（汉名完颜杲）取代。

绍兴二年（1132年）冬，撒离喝率兵绕过和尚原，直取兴元府，绍兴三年（1133年）二月，金军抵达饶风关（位于今陕西汉中西乡、安康石泉交界）。吴玠自300里外赶来增援。撒离喝未战先怯，感叹道："尔来何速耶？"初六日金军攻城，吴玠据关坚守。后因叛徒出卖，金军从小道进占饶风关后高地，居高临下攻击宋军，吴玠被迫撤出饶风关。撒离喝领兵攻进兴元，宋军守将刘子羽焚城撤退。金军无粮，又孤军深入，只得退军。吴玠、刘子羽又展开反攻，撒离喝转胜为败，越秦岭退走。

绍兴三年十一月，兀术重掌陕西金军指挥权，他率领撒离喝、韩常等将领，攻占了宋军弃守的和尚原，又于绍兴四年（1134年）二月，进兵吴玠驻守的仙人关（今甘肃陇南徽县东南）。双方再次进行了激烈交锋，吴玠所部上下一心，最终守住了仙人关。金军大将韩常中箭，兀术下令北撤，途中又遇伏兵，败退回凤翔，"自是不复轻动矣"。

因为和尚原、饶风关、仙人关3处关隘都是由陕入川的交通要道，所以这几次战斗被称为"蜀口三战"。吴玠几乎以一己之力粉碎了金军由陕西进军四川的战略意图，奠定了宋、金隔秦岭对峙的局面。至此，南宋军逐渐形成了可以与金军正面对抗的战斗力，涌现了一批陕西籍名将，如韩世忠、刘锜、张浚、吴玠、吴璘等，这其中，尤以李显忠归宋最具有传奇色彩。

李显忠本名李世辅，17岁投鄜延军，参加对金作战。北宋灭亡、陕西失守，李世辅一家被隔绝陕北，无奈于绍兴元年（1131年）二月降金，但始终心念宋朝。此时，金朝扶植刘豫建立伪齐政权统治中原、陕西地区，李显忠很得刘豫之子刘麟赏识，被任命为知同州事（同州即今陕西渭南大荔）。绍兴七年（1137年）十月，他率部劫持了来到同州的撒离喝，却未能顺利渡过黄河，于是，他与撒离喝约定，释放撒离喝回去，但撒离喝不能伤害他的家人。可是，撒离喝回去后，立刻屠杀了李显忠全家200余口。

李显忠悲愤欲绝，拼死冲杀，仅剩26名部下逃入西夏。他请求夏崇宗发兵，攻打关陕，夏崇宗便派他讨伐西夏叛臣。李显忠一战得胜，赢得了夏崇宗的信任。这时，伪齐被废，夏崇宗认为这是谋取陕西的好机会，就于绍兴九年（1139年）正月，交给李显忠二十万兵马，攻打陕西。

这时，金朝掌权的主和派挞懒正在与南宋谈判议和，突然接到西夏入侵的情报，大感意外，索性就此决定将陕西、河南一并还给南宋。二月，李显忠率兵抵达延安府，得知陕西已经重归南宋，与旧部当场痛哭。他告诉西夏将领自己要回归宋朝，西夏将领大怒，发兵来攻，李显忠一举打败了他们。

随后，李显忠率旧部一路进军关中，沿途聚集了4万多人的队伍，吓得身在耀州（今陕西铜川）的撒离喝立刻逃走。吴玠忙派人告知李显忠：宋、金已经达成和议，关陕重归南宋，不能再发兵攻击。李显忠就解散队伍，仍带领旧部南下。五月，与吴玠汇合，正式回归宋朝；后去临安，宋高宗"抚劳再三"，赐名"显忠"，赏赐有加。于是，李显忠就作为南宋战将，继续战斗在对金作战的战场上。

还是在绍兴九年（1139年），金朝内部发生政变，主和派挞懒被主战派兀术诛杀。绍兴十年（1140年）五月，金军宣称要夺回"旧疆"，又一次开战，撒离喝攻陕西、兀术取河南，史称"庚申之役"。撒离喝所部一路向西，很快拿下同州、京兆、凤翔，将陕西宋军分割为渭北、渭南两部分。不过，宋军对金军撕毁和议早有预料，所以军事行动有条不紊。撒离喝先攻击渭南吴璘所部宋军，遭遇失败；又转而攻击渭北宋军，依然不胜；只得悻悻然退回凤翔。宋军也无意再战，借此机会，全军撤入仙人关，双方又回到和议达成前的状态。

当然，陕西也就此分裂，陕南属宋，关中、陕北属金（后来金人又把陕北转让给西夏）。此后，宋、金双方都在秦岭南北作长久之计：金设立了陕西四路，逐步建立了都总管体制。南宋也设立了利州东、西路，此后的80余年间，直到蒙古进攻陕西，都基本维持着这种分治局面。

第五章 『昔在元世祖，分地王关中』
——元代长安地区建制

在金统治长安及关中等地区80多年后，蒙古崛起，蒙金双方在陕西交兵10年，长安等地最终落入蒙古之手。金人丢掉了关陕之地，失去了屏障，很快就在蒙古、南宋联军的合攻下灭亡。

公元1231年，蒙古人占领长安等地后，实行蒙古之法，任意驱使当地民众、侵夺财产。20年后，忽必烈获封长安等地，秩序才得以逐渐恢复。忽必烈继承大汗之位，在陕西等地设置行中书省，后又将长安等地赐予三子忙哥剌，是为安西王。陕西遂改称"安西路"，后来又改"奉元路"，长安也由京兆改称"奉元城"。

一、蒙古进攻关陕战争

蒙古成吉思汗六年（宋宁宗嘉定四年、金卫绍王大安三年，1211年）二月，成吉思汗誓师伐金，蒙金战争爆发。蒙古军最擅长和熟悉的是"斡腹"作战策略，基本思路是在战场正面只安排非主力部队，负责骚扰、牵制，本方主力部队则放在边路避开敌军正面，迂回包抄，攻击敌人背后或侧翼。"斡腹"作战策略的精髓，就是通过骑兵部队快速推进，寻找敌军漏洞，以强击弱，从而动摇敌军整个部署。当然，根据战场形势变化，正面部队、侧面部队的职责也会随机应变，进行转换。

凭借这一作战策略，蒙古骑兵在欧亚大陆上取得无数骄人胜利。他们面对金人时，也采取同样战略。蒙古军并不急于占领城池，而是从侧面进攻，不断扫荡华北地区，劫掠物资，孤立金的国都中都。金军数次组织会战，却无一胜绩。短短3年时间，"山东河北诸府州尽拔……河东州县亦多残破"。

成吉思汗九年（1214年）四月，蒙金议和。五月，金宣宗逃离中都（今北京），迁都南京开封府（今河南开封）。此举激怒了成吉思汗，认为金宣宗不信任他，是欺骗他讲和，于是战事再启。次年五月，金朝中都守将弃城逃跑，蒙古人进入中都。

成吉思汗十一年（1216年）六月，成吉思汗命三合拔都攻打关中，这是蒙古第一次进攻关中。八月，三合拔都统率蒙夏联军进攻延安府（今陕西延安）、鄜州（今陕西延安富县），皆不克。九月，三合拔都绕道坊州（今陕西延安黄陵）进入关中。金宣宗派签书枢密院事永锡守卫潼关。这时，尚书左丞相行省陕西仆散端提出，关中地区也需要防守，不应派兵去潼关，金宣宗就把兵派给了仆散端，这导致永锡无兵可用。十月，三合拔都撇下京兆，兵至潼关，走小路绕过"禁坑"，从潼关东面进攻。金人潼关守将泥龙古蒲鲁虎战死，三合拔都顺利进入河南。十一月，蒙古军劫掠汝州后，前锋距离开封仅20里，被金军击败。三合拔都遂北撤，进入山西。

三合拔都这次进攻，几乎没有攻占城池，兵力也只有1万，所以，主要目的应该还是探路，为后面的进攻做准备。很快，在成吉思汗十二年（1217年）八月，成吉思汗封"四杰"之一的木华黎为国王、太师，统率十"提控"蒙古军1.4万人、探马赤军1万余人，契丹、女真、汉军8万多人，合计兵力10万以上，全权负责蒙金战争。蒙金战争进入第二阶段，蒙古军的战略从攻打金朝升级为覆灭金朝。

此后3年，木华黎以中都为中心，采取先稳固占领地再逐步南下的战略，有意识地拉拢金朝官员和当地武装，注意安抚百姓，控制屠城和掠夺行为，所谓"今已盛暑不回，且不嗜戕杀，恣民耕稼"。这意味着，蒙古军不再满足于秋来春去、劫掠而还，而是要攻克并长期占领金朝领土。

金宣宗迁都开封后，缩小防线，重整军队，对于河北、山东、山西等地区的控制，主要依靠扶植地方武装的办法，在关中、河南地区则集结重兵，依托黄河、潼关天险建立防线，根据战情向其他地区调动机动兵力。这样，金军改变了此前被动防御的局面，也能够主动出击。

于是，战场形势更加复杂，一方面，木华黎统领大军，势如破竹，斡腹山东、山西、河北等地；另一方面，金军又在蒙古军撤走后伺机反攻，出现了部分地区反复争夺、拉锯的局面。

成吉思汗十六年（1221年）秋，木华黎渡黄河攻入陕西，打算从西边斡腹迂回进攻金朝。在会合5万西夏军后，攻葭州（今陕西榆林佳县，当时属金河东北路）、绥德（今陕西榆林绥德），十一月兵围延安。金军延安守将完颜合达坚守两个月，木华黎无法攻破延安，于十二月南下进攻京兆。谁知，京兆军民躲入终南山，木华黎得了空城，无法就地补给，遂撤军北返。

次年十月，木华黎第二次率军攻陕，拿下韩城、同州、蒲州后，全军转南，直扑京兆。此时金朝的京兆守将，就是前一年守卫延安的完颜合达，他因功升任参知政事行省陕西，拥兵20万，固守京兆。

木华黎进攻京兆只是虚晃一枪，他的目标其实是西边的凤翔。因为宋、金长期对峙，凤翔是金朝在秦岭西段的重要军事据点，城池坚固、军备充足，蒙古军夺取凤翔，将撼动金朝整个陕西防线。金朝也深知凤翔失守，势必影响京兆、潼关的安全，也派兵增援。双方在凤翔激战月余，转年到成吉思汗十八年（1223年）初，西夏又给蒙古军助兵10万，但凤翔依然掌握在金军手中。木华黎感慨："吾奉命专征，不数年取辽西、辽东、山东、河北，不劳余力；前攻天平、延安，今攻凤翔皆不下，岂吾命将尽耶！"其实，蒙古军的威力主要在于野战，攻城战多是依靠驱赶当地百姓冲锋在前，这种战术在短期内十分见效，一旦遭遇顽强抵抗，士气就会迅速跌落。

木华黎无法攻破凤翔，京兆完颜合达的部队也没有贸然出击，蒙古军只得撤退。三月，木华黎在撤军途中病死于山西闻喜，部队由其子孛鲁继承。

令金朝上下闻之色变的"权皇帝"木华黎病死，给了金朝反击的机会，降蒙的金将和豪强武装纷纷反叛，武仙在真定（今河北石家庄正定）叛乱、李全攻占益都（今山东青州）。直到成吉思汗二十二年（1227年），蒙古军重整军威，史天泽、孛鲁等才分别收复河北、山东。

同年四月，成吉思汗征西夏，战局已定，便亲率部队南下攻陕，破德顺、临洮。六月，金哀宗求和，成吉思汗拒绝，驻兵清水（今甘肃天水清水），进攻凤翔。此时，成吉思汗年事已高，他曾经感慨："使木华黎在，朕不亲至此矣！"蒙古军的攻势依然不顺。金朝援军赶来，侵扰蒙古军退路。七月，一代天骄成吉思汗病逝于清水，蒙古军第二次进攻凤翔就此作罢。

此后两年，成吉思汗幼子拖雷监国时，金军取得大昌原（今甘肃庆阳宁县太昌）大捷，宋理宗绍定二年（金哀宗正大六年，1229年）八月，成吉思汗三子窝阔台继位，是为第二代蒙古大汗。随后，窝阔台相继派遣朵忽鲁、速不台进攻陕西，史天泽等进攻卫州（今河南新乡卫辉），皆不克。次年七月，窝阔台、拖雷等统兵南下，进攻河东。期间，速不台两次进攻潼关，都被金军击退。

蒙古窝阔台汗三年（宋理宗绍定四年、金哀宗正大八年，1231年）正月，蒙古军第三次围攻凤翔，完颜合达领兵来救，正遇到窝阔台统兵从河东进入陕西，金军避战，退回潼关。二月，凤翔陷落。从1223年正月到1231年二月，8年时间，3次大战，凤翔易主。金朝立即撤离京兆地区军民，放弃潼关以西地区，关中地区在被金朝占据近百年之后，转为蒙古所有。丢了关陕地区，金朝就没了屏障，不到3年就灭亡了。

成吉思汗在临终之际，制订了进攻金朝的方案："金精兵在潼关，南据连山，北限大河，难以遽破。若假道于宋，宋、金世仇，必能许我，则下兵唐（今河南南阳唐河）、邓（今河南邓州），直捣大梁。金急，必征兵潼关。然以数万之众，千里赴援，人马疲弊，虽至弗能战，破之必矣。"经过诸王大会讨论，决定兵分三路：窝阔台自己统兵由河东地区过黄河，从正面进攻；铁木哥斡赤斤从济南向西，配合窝阔台；拖雷率部队绕道凤翔，经由南宋北部，从开封以南发起进攻。

拖雷率领3万多人的部队，出凤翔，向南宋提出"议和、假道、贷粮"等要求，南宋却提出应该称为"通好"。如此一来一往，耗费时日，部分蒙古军习惯性地出入兴元府（今陕西汉中）辖境"纵骑焚掠"，而按照计划，三路蒙古大军要在来年正月会师开封，所以拖雷不愿等待，强行通过大散关（位于今陕西宝鸡以南），逼近兴元府。

蒙古军擅自入境，杀害南宋军民、掠夺财物，激起南宋军民的愤慨。蒙古使者再次来到时，被就地捕杀。拖雷得报大怒，认为南宋背盟，立刻放手进攻，一举攻破沔州（今陕西汉中略阳）、大安军（今陕西汉中宁强）、利州（四川广元）、阆州（今四川阆中）、果州（今四川南充）等城寨。此后，蒙古军再次提出借道，南宋立刻同意，并派兵引导。窝阔台汗四年（1232年）正月，拖雷统兵渡汉水，进抵邓州。

蒙古窝阔台汗六年（1234年），宋蒙联军发动"蔡州之战"，攻亡金朝。战后，南宋与蒙古划分了势力分界线，中原大部分地区归属蒙古。当时，中原地区经年战乱，残破不堪，即便是当地百姓也纷纷逃离家园，去黄河以北或南宋求生。这种状况也影响到了蒙古军驻扎布防，因为按照蒙古行军习惯，并不携带大量粮草，军粮主要靠就地征收。既然现在中原地区无粮可用，蒙古军就干脆撤军回到河北地区，沿黄河两岸布防，将中原地区原金朝大量州府县乡，都交给了金朝投降官员。

在南宋朝廷看来，这意味着蒙古放弃了中原地区的统治权，这片南宋人的故土家园，成了无主之地。蔡州战役的胜利，使南宋朝廷错误地评估了当时的形势，认为己方万众一心、士气正旺，而蒙古军实力不过尔尔。于是，在端平元年（1234年）六月，出兵收复北宋"三京"：东京开封、西京洛阳、南京归德（今河南商丘）。

由名将赵葵指挥的南宋军一路畅通，各地原金朝官员望风披靡，南宋军几乎未遇抵抗便进入开封。八月，先遣部队一度进入洛阳，"靖康之变"百年耻辱一扫而光。

就在此时，风云突变，南宋主力部队在洛阳城东30里，与南下的蒙古军正面相遇，一战即败。随后，蒙古军又挖开了黄河岸堤，一时间道路被淹，运河堵塞，南宋后方粮草无法及时运到前线，开封城中的南宋军既无粮草又逢败绩，斗志全失。赵葵不敢接应洛阳，仓皇南撤，不战而逃。南宋这次失败的军事行动，总共持续了两个来月，史称"端平入洛"。

"端平入洛"引起一系列连锁反应和问题，南宋军民"死者十数万计"，江淮地区多年战略储备为之一空。最致命的是蒙古君臣早有侵宋之心，"端平入洛"正好为蒙古大汗窝阔台发动战争提供了口实。在"端平入洛"一年后的窝阔台汗七年（1235年），窝阔台派遣三路大军南下攻宋，蒙（元）与宋之间持续40年的战争，就此拉开了帷幕。

经过拖雷假道伐金之后，陕南地区遭到蒙古军严重破坏，而凤翔等地却被蒙古军建设为进军基地，所以，端平二年战事一起，蒙古西路军迅速南下，攻入陕南。到窝阔台汗八年（1236年）八月，沔州、凤州（陕西宝鸡凤县）、兴元府等州县相继陷落。九月，爆发阳平关（位于今陕西汉中勉县）之战，宋将曹友闻战死。至此，蒙古军肃清南宋陕南部队，"已撤彼之藩篱"，在此后一个月内，蒙古军便攻占了成都。

二、从陕西行省到安西路，再到奉元路

蒙古窝阔台汗三年（1231年）二月，蒙古军占领凤翔、京兆，历时10年的战乱终于止歇，但关中百姓却发现，生活从此发生了根本变化。按照成吉思汗时确立的蒙古军政制度，分封世袭的3个万户、95个千户，兼任军队、地方、财政长官，另有断事官依据蒙古习惯法"大札撒"行使司法裁判权。在这种体制下，万户、千户其实就是大小部落酋长，"任用者不过一二亲贵重臣耳"，而部落成员则属于他们私有，所以，大札撒规定：每名壮丁永久隶属于特定万户、千户，离开自己的单位到另外的单位要被处死；反之，万户、千户不接受自己的壮丁，也要被处死。像蒙古部族实行义务兵役制，20岁以上70岁以下男子，全部参军，直接听命于

千户。区别仅在于，成吉思汗不拘泥民族、地区，对各族、各地人才按统一标准赏罚。

如此一来，在蒙古军将领，也就是万户、千户甚至其下的百户、牌子头们看来，征服地的百姓就是本部族成员，可以随便驱使，关中地区百姓自然也不例外。当时，关中地区首官为"镇抚陕西总管京兆等路事"，其实就是众多千户、百户中为首者，对关中地区百姓实行军事监管，"毋致在逃走逸"，任意横征暴敛、抽调征发、摧残戕害。特别是宋蒙战争爆发后，关中地区成为蒙古军进军陕南、四川的前线基地，更是大肆抽调当地人力、物力资源。

这种失序状态一直持续到蒙哥即位，蒙哥汗元年（宋理宗淳祐十一年，1251年），蒙哥汗委任二弟忽必烈总领"漠南汉地军国庶事"，开始整顿中原地区。元宪宗三年（1253年），忽必烈受封京兆为世袭领地，先前的镇抚制变成单纯的军事长官，关中地区从此开启了新的时代。

忽必烈有浓厚的中原情节，他广泛延请儒生为己所用，坚持以汉法治汉地。面对兵燹过后关中地区一片破败的局面，忽必烈设立京兆宣抚司，以杨惟中为宣抚使，首先整肃军纪，"时诸军帅横侈病民，郭千户者尤甚，杀人之夫而夺其妻"，杨惟中将其就地正法，"关中肃然"。接着，他将关中地区赋税减掉一半，招抚流亡百姓耕种荒地。其后，畏兀儿人廉希宪接替杨惟中继任宣抚使、商挺任宣抚副使、姚枢任劝农使。这些人都有儒学背景，姚枢甚至还是一代儒学大师。他们到任后，"讲求民病，抑强扶弱"，除了整肃吏治、劝农耕桑、轻徭薄赋、兴修水利等惯常措施，还特别恢复了儒生的社会地位。当时儒生们与普通百姓一样，也被豪强权贵征发奴役，廉希宪下令释放被掳儒生，并编入儒籍给予保护；同时，"暇日从名儒若许衡、姚枢辈谘访治道"，在州县兴建学校，召名儒许衡出任京兆提学。这些举措有效地笼络了地主阶级知识分子，对关中社会稳定有积极的促进作用。

忽必烈于中统元年（宋理宗景定元年，1260年）三月，继承大汗之位，八月改京兆宣抚司为"秦蜀五路四川行中书省"。行省之制起源于金代，是指因为军情等紧急情况，以宰相身份管理地方，全称"某地行尚书省事"，意思是去某地施行尚书省的事务。如金朝末年，抗蒙名将完颜合达以参知政事行省陕西。蒙古沿袭金朝制度，早在成吉思汗九年（1214年），就在宣平（今河北张家口万全）设置了行尚书省，职责是统辖山后降民，负责人就是首个入侵陕西的蒙古将领三合拔都。次年夺取中都后，又设置"行中都省事"。在行中都省事之上，还有"都行省"木华黎，木华黎又任命了李全为"权山东西路行省"。总之，此时的"行尚书省"主要是用作官名,意思是任命某人去某地施行统军治民等事务,与"达鲁花赤"含义接近。

蒙古窝阔台汗三年(1231年)八月,蒙古中央朝廷设置"中书省",简称"都省",所谓"国家置中书省以治内,分行省以治外",理论上,此时各地"行尚书省"应该改名"行中书省",但当时朝廷上下只是认为"小不合理",并没有在意,即在蒙古君臣看来,中书省、尚书省无甚差别。当时地方上相同性质的机构还有"行枢密院",后来都与"行中书省"合并。

忽必烈即位以后,只设行中书省,性质是"分镇方面",即负责针对特定目标的军政行动,"凡钱粮、兵甲、屯种、漕运、军国重事,无不领之"。比如元世祖至元十一年(1274年)伯颜南征时他的职衔是"行省荆湖",元兵攻占建康,就只称"行省"或"军前行省",也就是说伯颜的权限并不局限于特定地域。

所以,忽必烈在中统元年(1260年)八月设"秦蜀五路四川行中书省",两年后的中统三年(1262年)改为"陕西四川行中书省",后来又频繁更名,主要原因在于是否包含四川。比如至元八年(1271年),京兆路收归都省,即由中央中书省直辖,单独设"四川行省";至元九年(1272年),再设"京兆等路行中书省",与四川行省并存;至元十六年(1279年),取消四川行省,因为京兆路改为"安西路",故京兆等路行中书省也改为"安西行省";至元十七年(1280年),将四川归入京兆等路行省,改称"陕西四川行省";至元十八年(1281年),单设四川行省;至元二十一年(1284年),第三次将陕西、四川合并;至元二十三年(1286年),四川最终分出,"陕西等处行省"定型。

陕西行省的频繁变更,除了军政形势变化的需要外,还有一个因素就是当时京兆关中为忽必烈封地,而在建国号"大元"的第二年,即至元九年(1272年)成为大元皇帝的忽必烈,将这块私有土地转封给自己的三子忙哥剌,并封地为安西王,这就衍生出大元朝国土与藩王领地差别对待的问题。

元代宗王出镇渊源于成吉思汗时期,按照蒙古族的传统分封子弟为东、西道诸王,这些宗王拥有领地、下属、人民和军队,其实就是一个个独立的王国,这种制度称为"兀鲁思"分封,蒙语中意思为人民、封地、国家。

经过几代的传承,血缘关系日渐疏远,宗王们实际上形同陌路,开始在复杂的政治利益中博弈,拔刀相向。尤其是在窝阔台汗身后,围绕蒙古大汗继承权,蒙古内部分裂为窝阔台系、拖雷系两大对立派别。窝阔台汗选定的继承人是三子阔出,谁知在窝阔台汗八年(1236年)二月,阔出被南宋军击毙。于是,窝阔台汗越过诸子,指定阔出的儿子失烈门为继承人。

1241年，窝阔台汗去世，他的妻子乃马真后自己临朝称制。1245年，她的亲生儿子，也就是窝阔台的长子、失烈门的大伯贵由，登基成为第三代蒙古大汗。

可惜，3年后（1248年），贵由汗就去世了，由于他生前没有选定继承人，贵由汗的皇后海迷失后便以失烈门为名临朝称制。

接下来的两年，各宗王展开激烈斗争，终于在1251年六月，成吉思汗四子拖雷嫡长子蒙哥，赢得了蒙古大多数宗王们的拥立，登基成为第四代蒙古大汗。为了与窝阔台系对抗，蒙哥汗指派二弟忽必烈总领漠南、三弟旭烈兀总领波斯，是为"皇弟典兵"，忽必烈、旭烈兀的主职在于征战，与传统兀鲁思分封有所不同。

然而，海迷失后不能忍受拖雷的子孙从窝阔台汗的子孙手里抢走汗位，鼓动窝阔台系宗王反叛。1252年夏，事情败露，蒙哥汗毫不留情地下令淹死海迷失后、流放失烈门，窝阔台系势力遭到沉重打击。随后，蒙哥汗把窝阔台汗的后裔们分别改封或迁移驻地、削减或收回军队，这样做的目的是在窝阔台汗后裔内部制造利益冲突和分歧，防止他们团结反叛。到中统元年（1260年）忽必烈继位，他不但要防备窝阔台系宗王，还要防备拥护幼弟阿里不哥的拖雷系宗王，他采取的措施是封皇子出镇，并削弱宗王特权。

忽必烈封了北平王那木罕、宁远王阔阔出镇漠北，安西王忙哥剌镇京兆，西平王奥鲁赤镇吐蕃，云南王忽哥赤镇云南，镇南王脱欢镇扬州，皇子爱牙赤镇甘肃等。不过，这些皇子不具有独立的军政财权，都不是兀鲁思分封。

京兆关中作为忽必烈藩邸所在，深受忽必烈统治集团的重视，"诸将皆筑第京兆"，因为忽必烈的嫡长子已亡、嫡次子是真金太子，所以就封嫡三子忙哥剌为安西王，出镇京兆。元世祖至元十年（1273年），进封忙哥剌为秦王，地位继续提高。当时，出于对南宋作战的需要，安西王忙哥剌实际掌控整个西北、西南，"秦蜀夏陇，悉归控御"。至元十一年（1274年），元军兵分三路南征，其中西路军统帅就是安西王忙哥剌，兵力达15万。

忙哥剌能够以作战的名义征调辖区内各种资源，包括命令行省官员，但是，忙哥剌与陕西等处行省并不是上下级关系，行省不是安西王府附属机构。而且，宗王出镇的权力，一直在削弱。比如安西王忙哥剌有权在陕西等地委任官员征税，但是到了阿难答嗣立，征税权就划归陕西行省了。

忙哥剌比较信任儒臣，任用李德辉、商挺、赵炳等汉族儒臣，与忽必烈的治国思路很切合。至元十年（1273年），他进封秦王后，仿照忽必烈的上都、大都之制，在蒙古军夏日休憩之所六盘山所在地原州（今宁夏固原）以及京兆分别建造宫殿，设置王府属官，京兆宫殿称"安西宫"，其地遂称"安西路"，原州宫殿称"开城宫"，其地遂称"开城路"。

其中，元代京兆安西王府遗址，位于今西安城东北约3千米、浐河以西龙首原的余脉上。这里至今还遗留着"鞑王殿"与"斡耳垛"（蒙古语，意为宫殿、宫帐）的名称。安西王府实际上是修筑在韩建所筑新城的外面，与唐大明宫位于一条线上，是城外之城。这座城由赵炳建造，建成之后规模宏伟，"壮丽视皇居"。亲眼得见此城的马可·波罗称赞说："其壮丽之甚，布置之佳，罕有与比。宫内有美丽殿室不少，皆以金绘饰。"

安西王府遗址的城垣四角为向外突出的半圆形，借鉴的是西亚风格，与元代整修京兆城墙的半圆形西南城角的形制一样。安西王府城垣除北墙墙基留有部分遗迹外，其余全部在地表以下，东城垣城基宽10米、长603米，西城垣城基宽8.2米、长603米，南城垣城基宽10米、长542米，北城垣城基宽9米、长534米，为不规则长方形。安西王府有东、西、南3个城门，门基宽度都是14米，都只开1个门道。城内建筑遗址不多，中央正殿高出地面2米多，长约185米、宽约90米，专家推测这座大殿应该是前后三进。

虽然忙哥剌权力很大，但是他的能力足以胜任，而且也没有对抗朝廷的打算和举动。因此，在忽必烈看来，安西王府的存在与陕西等处行省并没有必然对立，能够有效行使统治，这才是这种体制确立和延续的关键。

正是在忙哥剌治下，京兆陕西地区逐步恢复了活力。然而，在元世祖至元十四年（1277年）十一月，忙哥剌病死，他的继承人阿难答"年少，祖宗之训未习"，忽必烈对其并不满意，拖了两年，才准许阿难答嗣位安西王，而不是秦王。同时，恢复了陕西行省，削弱了阿难答的权力。

阿难答信奉伊斯兰教，并不亲近汉族儒臣，一接任安西王就搬到原州六盘山开城王府，动用那里的王府属官，把安西王府属官赵炳招到开城予以逮捕，并在忽必烈派出的营救使者赶到前将其处死。其后，这个案件又牵连到商挺，他也被抓捕入狱。

从此，安西王府中蒙古人、色目人开始用事。阿难答大力推行伊斯兰教，下令陕西等地蒙古族儿童都要行伊斯兰教割礼，还破坏佛像、拆毁寺庙。元世祖忽必烈的继承人、真金太子之子、信奉喇嘛教的元成宗派人去劝说，被阿难答直接拒绝，气得元成宗将他囚禁，但阿难答依然不改，在监禁解除重掌军队后，更是截留陕西行省的税赋用于自己的军队。此时他所辖军队中的穆斯林占到了一半。

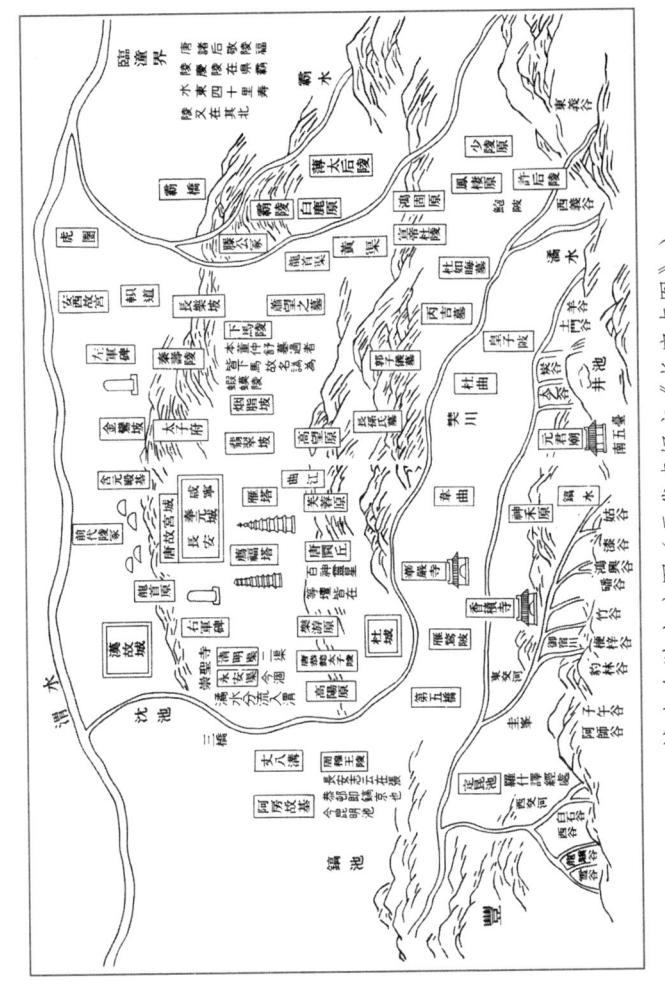

坡南名胜古迹图（元代李好文《长安志图》）

这种矛盾持续发酵，元成宗大德十一年（1307年），元成宗病死，无嗣。阿难答取得朝中信奉伊斯兰教的大臣支持，来到大都，谋求夺取帝位。但他遭到朝中信奉蒙法、汉法大臣的联合抵制，他们联络元成宗的侄子、真金太子之孙海山、爱育黎拔力八达，他们在阿难答起事前一天赶到大都囚禁阿难答。后来海山在上都即位，阿难答被处死。

安西王爵位从此空缺，5年后，元仁宗皇庆元年（1312年），改安西路为"奉元路"，京兆也随之被称为"奉元"。又过了11年，元英宗至治三年（1323年），阿难答之子月鲁帖木儿参与谋刺元英宗，事成后被新皇帝泰定帝赐予安西王爵位，但他很快就被泰定帝流放云南并杀死，安西王一系至此中断。

元顺帝至正十一年（1351年），刘福通等发动白莲教徒，在颍州（今安徽阜阳）起义，因为他们头裹红巾，故被称为"红巾军"。红巾军以复宋为政治口号。4年后的至正十五年（1355年），刘福通拥立已故白莲教领袖韩山童之子韩林儿，在亳州（今安徽亳州）建立大宋政权，年号龙凤。下一年，刘福通派遣三路大军北伐，其中，西路军兵分两路攻打陕西。至正十七年（1357年），红巾军绕过潼关，从南面走武关（位于今陕西商洛丹凤）攻进陕西，威胁奉元。陕西行省军队无法抵御，便邀请河南军阀察罕帖木儿率军入陕，察罕帖木儿的军队是地主武装，战斗力较强，击败了进攻奉元的红巾军。此后，红巾军一度攻占兴元，但是最终在陕西汉、蒙武装共同攻击下败退陕南，或投降，或退入四川，最终失败。

红巾军进攻陕西虽然失败，但彻底改变了陕西军政格局，元廷势力在陕西遭到沉重打击，元朝实际上失去了对陕西的控制，军阀开始掌控陕西局势。红巾军败走后，察罕帖木儿势力膨胀，与孛罗帖木儿在北方展开角逐。至正二十二年（1362年），察罕帖木儿被刺杀，养子扩廓帖木儿（汉名王保保）继立，继续与孛罗帖木儿开战。而察罕帖木儿留在陕西的部下则展开了内斗，其中关中地区分别被李思齐、张良弼占据。

至正二十五年（1365）七月，元顺帝派人刺杀孛罗帖木儿，封扩廓帖木儿为河南王、总领天下兵马，命他南征。扩廓帖木儿调动李思齐等人出陕，企图借机兼并他们的军队。李思齐等人拒绝参战，元廷趁机怂恿李思齐等人讨伐扩廓帖木儿。于是，李思齐等人结盟，与扩廓帖木儿开战，"相持一年，前后百战，胜负未决"。

此时，吴王朱元璋派大将徐达、常遇春北伐。明太祖洪武元年（元顺帝至正二十八年，1368年）正月，朱元璋登基称帝，建立大明。元顺帝撤出大都，扩廓帖木儿也随之北逃，李思齐等献地投降。陕西经过10年军阀混战后，终归明朝所有。

第六章 "汉唐城郭能缩小,丰镐人文欲胜难"
——元代长安地区学术

元代,赵复、姚枢等人为儒学传承做出了重要贡献。其中姚枢的弟子许衡成就斐然、名声显扬。许衡受忽必烈召唤,来到长安(元初名京兆,后改为奉元)讲学,对长安及周边地区学术气氛的恢复和活跃卓有贡献。

元代长安及周边地区知名儒学学者有杨奂、杨恭懿等人,其中,以萧㪺、同恕影响最大,被合称为"萧同"。

一、"儒师"许衡与鲁斋书院

在宋代以前,关中地区的州县已经普遍开设有府学、州学、县学等各级地方学校。到宋代,又有宋仁宗时"庆历兴学"、宋神宗时"熙宁兴学"、宋徽宗时"崇宁兴学"3次大规模学校建设运动。所以,在宋代,陕西尤其是关中地区的教育体系十分完备。像宋仁宗天圣(1023—1032年)初年,范雍创建京兆府学,延请终南隐士种放的学生高怿为师,影响很大,受到过宋仁宗的表彰。至于今陕北、陕南地区某些偏远州县,到元代中后期,也都陆续建立了学校。这些地方上的府学、州学、县学,与京城的太学等学校性质相同,都是传授朝廷认可的儒学经史知识的官学,既能培养专攻科举的童生举子,也能通过学校内部的考试选拔官员。

这一时期,在地方上,与官学并行的是书院。书院之制创设于唐代，最初的书院是官府藏书、校书之所，同时也允许私人前来观书治学。到五代末期，开始有学者在书院聚徒讲学，逐渐形成了后来定型的书院制度：由学者招收、组织学生，讲授、实践个人的学说、思想。相对于官学，书院教学的内容全凭学者自己取舍，甚至可能与科举背道而驰，这是一种带有强烈学者个人特征的教学模式。其发展下去的结果，就是学派的产生。

综观中国古代书院的发展历程，有三大变化：一是在建制方面，自元代以后官学化趋势显著加强；二是在选址方面，由早期选在山岩名胜之地逐渐向城镇转移，促使城镇书院日渐发展；三是在功能方面，伴随着向科举制度的靠拢，书院教学授课功能超过藏书、治学等功能。这些情况发展到清代，书院官学化之路已经完成，书院的功能与学校再无二致。同时，居于城镇的新建、改建、重建书院数量，日渐占据全部书院的多数。事实证明，书院制度历经宋、元、明、清的千余年发展，到了清代更趋完善。清代全国书院数量增至2000余所，书院模式符合传统学术教学规律，促进了传统学术的繁荣和发展。

就陕西关中、陕南、陕北3个地区来看，在地方志中有确切时间记载的最早一处书院是范仲淹在宋仁宗庆历年间（1041—1048年）创立于延州（今陕西延安）的嘉岭书院。不过，陕西书院教学的兴盛之处还是关中。宋元时期，陕西地区的书院大都开办在关中：北宋中期，张载在凤翔府郿县（今陕西宝鸡眉县）开设的横渠书院，还有吕大临在京兆府蓝田（今陕西西安蓝田）开设的芸阁书院；金元之际，杨英在乾州（今陕西咸阳乾县）开设的紫阳书院；元仁宗延祐元年（1314年）奉元城所建的鲁斋书院；元仁宗延祐七年（1320年），李子敬在三原（今陕西咸阳三原）开设的学古书院，同时还有高陵（今陕西西安高陵）的渭上书院。

这其中的奉元鲁斋书院，是以长期在陕西关中教学的许衡的号来命名。许衡其人，是元初著名学者，被尊称为"儒师"，对陕西儒家经史学问的传承贡献巨大。

许衡学有所本，师承于元初著名儒臣姚枢，而姚枢的老师，是南宋德安儒生赵复。正是经由赵复，程朱道学才得以传播北方，这段历史具有十足的传奇色彩。

蒙（元）初年尚武好杀，但也有一名儒臣跻身庙堂之上，这个人就是姚枢。姚枢（1202—1280年），字公茂，仕蒙古大汗窝阔台、贵由、蒙哥以及元世祖忽必烈四朝。姚枢祖籍营州柳城（今辽宁朝阳），他的父亲本是金朝许州（今河南许昌）官员。蒙古攻破许州后，32岁的姚枢投奔蒙古，得到蒙古大汗窝阔台的近臣杨惟中赏识，以儒生的身份出任翰林学士承旨等职。

蒙古大汗窝阔台七年（1235年），皇子阔出领兵伐宋，姚枢奉命在战俘中选拔人才，"即军中求儒、道、释、医、卜士，凡儒生挂俘籍者，辄脱之以归"。就是在这次战争中，蒙古大军攻破了南宋德安府（今湖北孝感安陆），俘虏了当地儒生赵复。

姚枢与赵复对话之后，发现他深得程朱道学真传，心生尊敬，称赞他为"奇士"。当时南北交兵，南宋程朱道学学说和书籍传不到北方。姚枢认可赵复的学识，力邀他北上。可是，赵复秉持儒家忠孝之道，痛恨蒙古屠杀德安数十万生灵，自己全家无一幸免，因而只求一死。

姚枢当然不会眼看着赵复自寻短见，就把他留在自己帐中安歇。半夜，姚枢醒来，看到赵复的衣服还在，但人已经不见了。姚枢忙骑马追赶，在德安百姓尸体中来回寻找，却找不到。一路追到河边，见到赵复披散着头发、光着脚，号啕大哭，正要投水自尽。姚枢赶忙劝解说：你这样死了毫无意义，如果你活着，还可以留下子嗣，福泽有余。跟着我投奔蒙古，一定平安无虞。

"复强从之"，即勉强答应了姚枢，随之北上。此后，赵复背诵出自己所学程朱学说，写下后交给姚枢。姚枢自己学习之余，还拉来好友杨惟中，"杨惟中闻复论议，始嗜其学"。两个人都为程朱道学所折服，决心在北方进行传播，使只在江南传播、在北方已经失传的程朱道学，再次在北方大地发扬光大，"传继道学之绪，必求人而为之师，聚书以求其学，如岳麓、白鹿建为书院，以为天下标准，使学者归往，相与讲明，庶乎其可"。

于是，在窝阔台十二、十三年间（1240—1241年），杨惟中、姚枢二人决定在燕京（今北京）建立太极书院。"今建书院以明道，又伊洛之学传诸北方之始也。"之所以取名"太极书院"，而不是按照习惯以地名燕京命名，是因为"书院之名不以地，以太极云者，推本而谨始也。书院所以学道，道之端则著于太极"。

太极书院规模不小，"立周子祠，以二程、张、杨、游、朱六君子配食，选取遗书八千卷"，刻周敦颐的《太极图》《通书》以及张载的《西铭》等文于墙壁之上，"选俊秀之有识度者为道学生"。书院最重要的教师，自然是赵复。他为了系统阐述程朱道学，写了一系列著作：在学派传承方面，其所著《传道图》开列了程朱道学书目，《师友图》列举朱熹门人53人姓名事迹；在学说宗旨方面，著有《伊洛发挥》，深入解释"二程"学说；另外著有《希贤录》，摘取伊尹、颜渊言行，"使学者知所向慕，然后求端用力之方备矣"。

赵复之于姚枢，是亦师亦友的关系，姚枢启用了赵复，但他反过来向赵复问学，"躬行实践，发明授徒，北方经学盖自兹始"。在燕京期间，姚枢的另外一项重要贡献是刊刻书籍，他自己出资版印了《小学书》《孟子或问》《家礼》《朱子语类》，还协助杨惟中版印《四书》，协助田和卿版印《尚书》《声诗折衷》《易程传》《书蔡传》《春秋胡传》等书。姚枢还让自己的弟子杨古将《小学书》《近思录》及蔡元定的相关著作散布于四方。

姚枢醉心学问，后来干脆弃官隐居，携家带口来到辉州苏门山（位于今河南新乡辉县西北）过起了耕读生活。苏门山是宋元学者隐居胜地，昔年邵雍也曾在此向李之才问学3年。姚枢来到这里，开垦荒地、搭建茅屋，建家庙供奉自己四世祖先，搭草堂供奉孔子画像，旁边挂设周敦颐、程颢、程颐、张载、邵雍、司马光六君子像，"读书其间，衣冠庄肃，以道学自鸣，汲汲以化民成俗为心"。这期间，赵复也曾南下苏门山，与姚枢再会。

姚枢在苏门山的活动，带动了附近求学之风，"倡道授徒，凡经传、子史、礼乐、格物、星历、兵刑、食货、水利之类，无所不讲，从学者甚众"，其中就有许衡、刘因等人。

许衡（1209—1281年），字仲平，号鲁斋。他投身姚枢门下，其实出于偶然。有一次，姚枢来到魏州（今河北邯郸大名）与友人窦默相聚，许衡也来拜访，3人谈话，许衡听姚枢"言义正粹"，大为叹服，就来到苏门山，"尽录是数书以归"，这一来一往，坚定了许衡追随姚枢的决心。他回到魏州，对自己的学生们说："曩所受皆非，今始闻进学之序，若必欲相从，当尽弃前习，以从事于《小学》《四书》为进德基。不然，当求他师。"他的学生们都说听从许衡的意见。于是，"鲁斋尽室来辉，相依以居"，成为姚枢的弟子。

许衡后来与同门刘因以及南方学者吴澄，被著名学者黄宗羲称为"元代三先生"。许衡更被认为是接续程朱道学香火的继承人，当时人尊称其为"儒师""儒宗"。明代学者薛瑄赞誉他："朱子之后，一人而已。"

蒙古大汗蒙哥三年（1253年），忽必烈获封关中京兆之地，建京兆宣抚司。当时，京兆地区局势稍稍稳定，大量从军者返还故乡，"秦人新脱于兵，欲学无师"，于是，召许衡担任京兆提学，"闻衡来，人人莫不喜幸来学"。当时，关中郡县纷纷建立学校，教化乡民，"关陕自许衡倡道学，教多士"。

蒙古大汗忽必烈中统二年（1261年），召许衡至燕京任国子祭酒，但时隔不久，许衡就称病回乡。至元二年（1265年），许衡再次被启用，受命议事中书省。许衡上数万言的奏章，提出以汉法治国的主张。至元四年（1267年）他又一次回乡，后又被召回朝。

至元六年（1269年），许衡主持制定朝仪、官制。至元八年（1271年），被任命为集贤大学士、国子监祭酒，他召集自己的12名弟子，与元世祖挑选的蒙古弟子共同学习。至元十年（1273年），因为朝中蒙古权臣反对汉法，许衡再次回到家乡。至元十三年（1276年），又被召至燕京，第二次出任集贤大学士兼国子监祭酒，同时负责太史院，参与制定了《授时历》，后因病回乡。至元十八年（1281年），卒于家，终年73岁。

许衡作为赵复、姚枢一脉相承的门人弟子，自然也被各地学子铭记。据史料记载，元代有3处以许衡的号"鲁斋"为名的书院，分别是奉元鲁斋书院、怀庆路河内县（今河南河南沁阳）鲁斋书院、庆元路鄞县（今浙江宁波）鲁斋书院，并立有专祠奉祀。

许衡担任陕西儒学提举时，在西安城内正学书院讲过学，这里也是北宋时张载曾经驻足讲学的地方，"盖宋横渠张子倡道之地，门人吕大钧辈皆得其传。元鲁斋许公来主学事，亦多造就"。

西安百姓为了纪念许衡，在许衡故去之后另建鲁斋书院。元仁宗延祐元年（1314年）五月"戊寅，京兆为故儒臣许衡立鲁斋书院。降玺书旌之"。

根据明嘉靖《陕西通志》所载，元代鲁斋书院原址在咸宁县东，可惜该书院大概在明熹宗"天启五年八月壬午，诏毁天下书院"遭到禁废，遗址今已不存。

清光绪十一年（1885年），陕西盐法道黄嗣东、咸宁知县樊增祥集资重修清代西安府鲁斋书院，其得名就是继承于元代鲁斋书院，而选址于西安城东关，是因为此处原有春明学舍。该学舍于嘉庆三年（1798年）并入养正书院，其原址遂废弃。后来，邑人王纯敬捐资在该地建立义学。到光绪三年（1877年），又有李蓉锐倡议兴复学舍，并先后建造祭祀孔子的大殿、文昌宫等建筑，但终因经费不足而作罢。因此，光绪十一年复建鲁斋书院，是在学舍的基础上因势而成。

根据黄嗣东所作《重建鲁斋书院记》《会讲记》的记载，重建的鲁斋书院建有正殿3楹，还有大殿、文昌宫等附属建筑。书院竣工后，延请关中名儒贺瑞麟、陕西布政使李用清、按察使黄彭年等学者官宦，仿效白鹿洞书院会讲的典故，一一登讲席，讲授小学知识、《大学》名章等，当时听者达百余人。

此后，正式聚徒授课，延聘贺瑞麟主持教学。贺瑞麟制定学约共10条，公之于墙壁。黄嗣东还从自己的薪俸中取银百镒，补充书院费用开支。"关学之风，丕振一时。"从此，聘请塾师长驻书院，凡关山外贫乏幼童均可入院学习，开设洒扫应对、蒙养小学等儒学课程。

到了光绪二十九年（1903年），因清政府改革学制，推行废书院、办学堂的"癸卯学制"，西安鲁斋书院于该年改为咸宁县立二等小学堂。至此，清代鲁斋书院共存在18年时间。

此后，咸宁县二等小学堂又在光绪三十年（1904年）改制为咸宁县立高等小学堂，宣统二年（1910年）再改为实业学堂。1912年，主政陕西的张凤翙，将实业学堂、陕西大学堂等4所学校合并为西北大学。

二、元代关中名儒学者

许衡先后出任京兆提学、国子监祭酒，对京兆及陕西乃至元代学术传承、教育事业多有贡献。正是由于许衡的努力，赵复、姚枢所传朱熹的《四书集注》被定为科举考试指定书目，朱熹的学说得以真正在全国范围大行其道。当时各地书院多以朱熹学说为本，学人们也争相以朱熹传人自居，即所谓："群经四书之说，自朱子折衷论定，学者传之，我国家尊信其学，而讲诵授受，必以是为则，而天下之学，皆朱子之书。"从这个角度看，许衡甚至对元朝行汉化政策都有推动之功，无怪乎后世盛赞他"辅世祖以不杀一天下"。

有姓名可查的许衡弟子，不拘于中原汉族，更有蒙古、契丹等族，像陕西宣抚使畏兀儿人廉希宪，也曾跟随许衡学习。许衡对程朱道学在元代的传承和推广贡献极大。不过，在当时并不是只有许衡一人专美于此。

在元初之世，京兆地区名声最显的学者，其实是乾州（今陕西咸阳乾县）人杨奂，字焕然，号紫阳，世称"紫阳先生"。他比许衡年岁略长，"关中虽号多士，名未有出奂右者"。著名文学家、史学家元好问称赞他为"关西夫子"。杨奂的学生、同时也是女婿的姚燧，后来也追随许衡，官至翰林学士，亦为名儒。

还有京兆高陵（今陕西西安高陵）人杨恭懿，是许衡的同道好友。杨恭懿（1225—1294年），字元甫，号潜斋。年少时避祸中原，17岁回到家乡，勤耕力学。他痛感乱世纷纭，有志于经济入世，"耻为章句儒而止"，尤其留心史学，"以鉴观古昔兴亡之事"。

他24岁时首次读到了朱熹的《四书集注》《近思录》等书，大喜过望，感叹地说："人伦日用之常，天道性命之妙，皆萃此书。今入德有其门，进道有其途矣。"从此更加努力钻研学问，修身养德。他充分意识到天理人性的重要，更加认清了自身责任，完全摒弃此前的积习，不再追求细枝末节，思想境界再上一层楼，"赫然名动一时"。

这期间，许衡来到京兆长安，两人意气相投，互相欣赏。杨恭懿对于学问非常虔诚，一丝不苟，深受许衡赞许。杨恭懿父亲去世，他5天不吃不喝，丧事完全采用朱熹《家礼》所载，不用世俗礼仪，即使财资不足，也要借贷举丧。许衡看在眼里,对自己的学生说:杨恭懿坚持朱熹的主张,补救了被世俗丢弃的礼仪,"其功可当肇修人极"。两个人一共相处6年,直到许衡离陕东归。

蒙(元)朝廷多次征召,杨恭懿都推辞不去。直到至元十一年(1274年),以教导太子的名义召赴燕京。忽必烈亲自接见,详细询问他的籍贯、家世。至元十六年(1279年),他参与制定《授时历》。1年后,《授时历》修成奏上,忽必烈接见郭守敬、许衡、杨恭懿、王恂等人。众人正要下跪,忽必烈对许衡、杨恭懿说:"二老自安,是年少皆受学汝者。"在整个召见过程中,都给予许衡、杨恭懿赐座的"异礼"待遇。修完《授时历》后,杨恭懿就辞官返乡,此后又多次拒绝朝廷召唤,居家终老。

在杨恭懿之后,关中名儒就属萧㪺、同恕二人,时人将二人并称"萧同"。

萧㪺(1241—1318年),字维斗,号勤斋,奉元人。20余岁时出任陕西等处行中书省文吏。一次,他去汇报政务,上级手中的毛笔掉在了地上,上级以目光示意他去拾取,萧㪺佯装不知。上级就直接打断了他的话,开口命令他捡笔。萧㪺回答:"某所言者王事也,拾笔责在皂隶,非吏所任。"上级恼羞成怒,萧㪺遂自请引退,从此隐居终南山30余年。

萧㪺的隐居生活清苦简陋，他居住在土屋之内，自制了一件皮衣，长过膝盖，睡觉时就卷起作为枕头。然内心适意，使他得以专心致志读书自娱，他把搜罗到的先贤经典以及程朱道学著述排列室中。于是"博极群书，凡天文、地理、律历、算数，靡不研究"。萧㪺涉猎广泛、学识渊博，太常博士侯均说萧㪺通晓古文字："今人识字及通六书者，惟萧公为然。"他在读书过程中，自己动手训诂校雠，对书中讹误多有发现。萧㪺学自有出，"一以洙、泗为本，濂、洛、考亭为据"，就是继承于孔子、周敦颐、二程、朱熹一派，著有《三礼说》《勤斋集》等书。投到他门下求学问道的弟子非常多，"关辅之士，翕然宗之，称为醇儒"。

而且，萧㪺的性情十分温良敦厚，乡亲邻里都很尊敬他，亲切称他为"萧先生"。有一次，一个乡人进奉元城晚归，途中遇到强盗，他谎称"我萧先生也"，强盗十分惊愕，就释放了他。

还有一次，萧㪺出门，路上遇到一个妇人遗失了金钗，她怀疑是萧㪺捡到了，说："殊无他人，独公居后耳。"萧㪺并不分辩，而是叫妇人来到自己的土屋，取出家中的金钗，交给了妇人。后来，妇人找到了自己丢失的金钗，羞愧地上门道歉。

元世祖获封京兆之时，召萧㪺赴王府，先遣一属吏去萧㪺家探问，属吏到了萧㪺家，看到一人在担水浇园，便交代他给自己饮马。这人也不拒绝，就去饮了马。原来浇园的不是旁人，正是萧㪺，他饮了马之后，回屋穿上冠带，才正式出来相见。属吏知道实情后十分慌张，不过对于这一切，"先生殊不为意"。

萧㪺并不愿为官，数次推辞。直到元武宗（1308—1311年在位）初年，他被授予太子右谕德之职，才抱病来到大都，不过他"寻以病请去"。元仁宗延祐五年（1318年）七月终于家，寿享78岁，葬于奉元城南子午镇，此处今为西安长安区凤栖山墓园。他天性纯良，"清白守节""好古不怠"。在《勤斋文集》中收有一篇《送王升序》，颇能体现萧㪺对经术学业、官宦仕途的基本态度：

圣上嗣位之三年，诏天下以德行、明经取士。明年，陕西鲁斋书院山长平水王弁，受行中书省荐，辞其职，将进于春官。省余疾南山下，且徵鄙言。

询之曰："能无矜乎？能无忮乎？能忘富贵乎？能静乎？能中正乎？能希贤圣乎？知通塞乎？无患得乎？若是，可以言矣。《易》曰：'大观在上，中正以观天下。'此其时也。子之业在夫爻之三矣。"

曰："所谓观光者，非邪。"

曰："非也。四大臣之位近君者，以之而子也，第当观夫繇已出者，随通塞为进退焉，所期不失于道而已。苟通邪，即立事立功，尊所闻、行所知，使民不失其所望；苟塞邪，则仁义忠信，乐善不倦，其孰能御之？知至而至、知终而终，苟

萧䗝书《尚书·周书·无逸》（局部）

不至乎,践形之域无止也。故先正以少年登高科为不幸,岂虚言哉?子行矣,慎毋使前数可无者,毫末尘吾灵府也。冰雪载涂,敬慎自爱。"

这篇文章的大意是:元仁宗皇庆二年(1313年),下诏开德行、明经科取士。第二年,奉元鲁斋书院的王弅得到行中书省推荐,不再担任书院老师,将去礼部任职,参与科举考试事务。出发前,王弅来到终南山下探望我的病情,并征询我的意见。

我问他:"能做到不骄矜吗?能做到不嫉妒吗?能忘掉荣华富贵吗?能沉静内心吗?能中正无私吗?能效法先贤吗?会变通吗?不会患得患失吗?如果你都做到了,就可以给你说了。《周易·观卦》说:'大观在上,中正以观天下。'就是指你现在这个时候。你的前途命运就在六四爻的爻辞:'观国于光,利用宾于王。'"

王弅说:"《观卦》六四爻辞说的'观国之光',意思是与奸邪对抗。"

我说:"不对,礼部官员负责科举,是接近皇帝的职位,现在你得到了这个职务,就应该观察自己选拔出来的人才。这些人中有好有坏,你要根据他们的表现采取不同的应对措施,那么你的所作所为就不会偏离正道了。如果能够劝善教导奸邪的人和事,就可以建功立业,提倡、践行自己的学说,使百姓的希望不被辜负;

如果能够制止压服奸邪的人和事，就是一个仁义忠信之人，孜孜以求良善正义，还有什么能够阻碍？心中通晓自己的目标、方向，并且能够达到，即便不能达到，也可以随时随地实践自己的理念。所以先贤正人们认为年少得志考取功名，对这个人并不是好事，难道是假话吗？您现在要走了，切记不要使前面我问您的几个事项，有一丝一毫干扰我们的心灵。您前方的道路有冰雪覆盖，要小心慎重。"

萧㪺居终南土屋时，每入奉元必去看望同恕，二人交情深厚。同恕（1254—1331年）比萧㪺小14岁，字宽甫，号榘庵，奉元人。同恕家世代学儒，他的父亲同继先曾经在陕西宣抚廉希宪手下当差，掌管府库钥匙。同氏宗族200余口，居于一处，彼此和睦，没有挑拨的言语。

同恕家中有书数万卷。他幼年聪慧，进入乡学后，每天能背诵数千言，13岁通《尚书》。乡校老师张器玉、李彦通二人出题"与人不求备，检身若不及"，考查学生功课。这段话出自《尚书·商书·伊训》："居上克明，为下克忠，与人不求备，检身若不及，以至于有万邦，兹唯艰哉！"商朝开国君主成汤去世后，嫡孙太甲即位，右相伊尹教导太甲：在上位者能够明察下情，这样在下位者才能够对上忠诚。对别人不能求全责备，对自己则要自检自查，总觉得像是有某些不足，治理天下就是这样艰难。

张器玉批阅学生的作品，最满意的文章就出自最年少的同恕之手，批语是："义理详明，文辞浏亮，宜为此会之魁。"一时间，学校内外老师、同学对同恕交口称赞，其声名不胫而走。同恕治学，同样上承程、朱，远溯孔、孟；应该也向萧㪺请教过学问。他著有《榘庵集》20卷。

他性格严谨，平常起居谨遵礼道。虽暑热天气，也冠带整齐。他的亲生母亲早卒，孝敬继母一如生母。父亲去世时，他因哀伤过度竟伤了眼睛。他待人接物平易随和，但心中自有定见。邻居借了他的骡子，不想骡子死了，邻居就来赔钱，同恕却不接受，说："物之数也，何以偿为！"意思是这件事出于意外，不是邻居的责任，不需赔偿。他如此开通达理，自然深得乡人敬重，乡人不称其姓而只称先生。

在他二十几岁时，朝廷设置六部，选拔各地名士入职。关陕地方推荐同恕担任礼部官职，同恕拒绝前往。元仁宗延祐元年（1314年）五月，奉元设鲁斋书院，延请同恕担任教师，同恕这才答应，这时他已经60岁了，"先后来学者殆千数"。这期间，元仁宗重开科举，同恕主持了奉元路乡试，参考举子都认可他的公正。延祐六年（1319年），升太子左赞善，为太子讲学，"继而献书，历陈古道，尽开悟涵养之道"。延祐七年（1320年）三月，元英宗即位，同恕辞官回乡。

此后，同恕居家12年，深孚士林公望，"中外缙绅望之若景星麟凤"。元文宗至顺二年（1331年）卒，被追封京兆郡侯，谥"文贞"。

元代关中地区学者还有奉元人韩择，精于礼学，"士大夫游宦过秦中，必往见择，莫不虚往而实归焉"；蒲城人侯均，勤学40年，精通方言古语，世人不通晓，他却可以"随问而答"，大家都佩服他的博闻；泾阳人第五居仁，先跟随萧㪺问学，后师从同恕，"博通经史"，同样致力于耕读隐居，"游其门者，不惟学明，而行加修焉"。元仁宗延祐七年，李子敬、李子懋兄弟在三原捐资创办学古书院，延请泾阳名儒程瑾，吸引学生百余人。程瑾，字君用，号悦古，著有《辽史》《云阳志》《乐府诗集》等。

第七章 "立马平原望故宫，关河百二古今雄"
——宋元时期长安城原貌

宋元时期，长安即京兆、奉元城的面貌，主要记录在张礼《游城南记》、李好文《长安志图》等书中。

此外，北宋人宋敏求撰写的《长安志》、南宋人程大昌撰写的《雍录》、元代人骆天骧撰写的《类编长安志》，都是专门记叙长安及周边地区古迹文物的地理专著。而国内现存年代最早的全国疆域地图，是公元1136年石刻《禹迹图》和《华夷图》。在长安绘制、刊刻的这两幅地图，是长安学者、工匠的杰作。

一、宋代京兆城南与元代奉元城原貌

在今天的西安市城区内外,已经无处寻觅宋代建筑,要了解宋代京兆城的真实面貌,并非一件易事。幸好有北宋人张礼游历京兆城南,考察古迹,留下一部《游城南记》,方使后人得窥北宋中期京兆府状貌之一斑。

张礼,字茂中,北宋两浙西路(今浙江西部)人。宋哲宗元祐元年(1086年)"季春戊申",张礼和友人陈明微出京兆东南门安上门,至"闰月十六"返回京兆西南门含光门。经学者考证,"季春戊申"是闰二月二十日,故"闰月十六"可能记载有误,"十六"当作"廿六",即闰月二十六日。所以,《游城南记》就是张礼记述从闰二月二十日到二十六日7天游历京兆城南的游记。

因为宋代京兆是唐末韩建在唐长安皇城基础上重筑

的新城，所以京兆城南就相当于唐长安城外郭城到终南山这一片区域。此处山青水绿、景色优美，自古所谓长安"五原""八水"中的四原、六水，都在城南。这四原分别是白鹿原、神禾原、乐游原和少陵原，它们从终南山延伸出来，向西北一直达到渭河南岸。这四原并不陡峭，地势平整开阔，非常适合游览，其中乐游原是因为汉宣帝来此游玩而得名，而白鹿原则是汉代上林苑所在地。

在四原旁边，流淌着6条河流，所谓"八水绕长安"，其中从终南山流出的沣河、涝河、潏河、滈河、浐河、灞河6条河流，从白鹿原、神禾原、乐游原和少陵原旁经过，向北或西北方向注入渭河。远处是巍峨的终南山，脚下是开阔的黄土原，身旁是清凌凌的河水，绿水映青山，青山托白云，白云衬蓝天，大诗人白居易写有《朝回游城南》诗单表这里的美景，其中有4句："水竹夹小径，萦回绕川冈。仰看晚山色，俯弄秋泉光。"难怪城南成为文人骚客、贵戚富豪、高僧隐士修建园林别业、寺庙道观的首选之地。

张礼出游的时代，距离唐朝灭亡已经有200年了，不论是自然环境还是人文景观，都已经发生巨大变化，宫室墙垣沦为残垣断壁，河道小径变成泥淖菜地。张礼一路走来，留心古迹存废。他发现有一些古迹"闻其名而失其地"，比如大诗人杜甫《陪郑广文游何将军山林十首》《重过何氏五首》等诗写过的何将军山林，张礼

"寻所谓何将军山林而不可见";也有一些"具其名得其地而不知其所以者",比如启夏门是唐长安城外郭城东南门,张礼却误认为是皇城东南门;还有一些"已见于近世而未著于前代者",比如五代后周皇甫元位于赵村的庄园。这一派沧桑巨变,几至面目全非,令人触目惊心。

张礼和陈明微的游历可以分成3段:第一段是从京兆东南门安上门出发,经过原来的唐长安城外郭城,到达原唐长安城外郭城东南门启夏门;第二段是出启夏门,一路向南,到达终南山下,之后返程,回到原唐长安城正南门明德门,进入外郭城;第三段是从外郭城继续向北走,从京兆西南门含光门回到京兆。

第一段,从安上门到启夏门,张礼、陈明微从安上门出发南行。东南安上门、西南含光门,是韩建改筑新城时的设计,原来的正南门朱雀门已被封闭。到明代初年彻底重修城墙,安上门被定为正南门,改名"永宁门"。现代考古发掘已经确定,今西安明城墙的南门就是京兆东南门安上门。

张礼和陈明微出安上门,路西侧是兴道坊、东侧是务本坊。务本坊的东边是平康坊,这几个坊皆在原唐长安城中。平康坊的东边就是大名鼎鼎的东市,因此这一地区在原唐长安城中,肯定是繁华所在。实际上,后世学者研究发现,当时大约90%的唐长安城居民居住在从

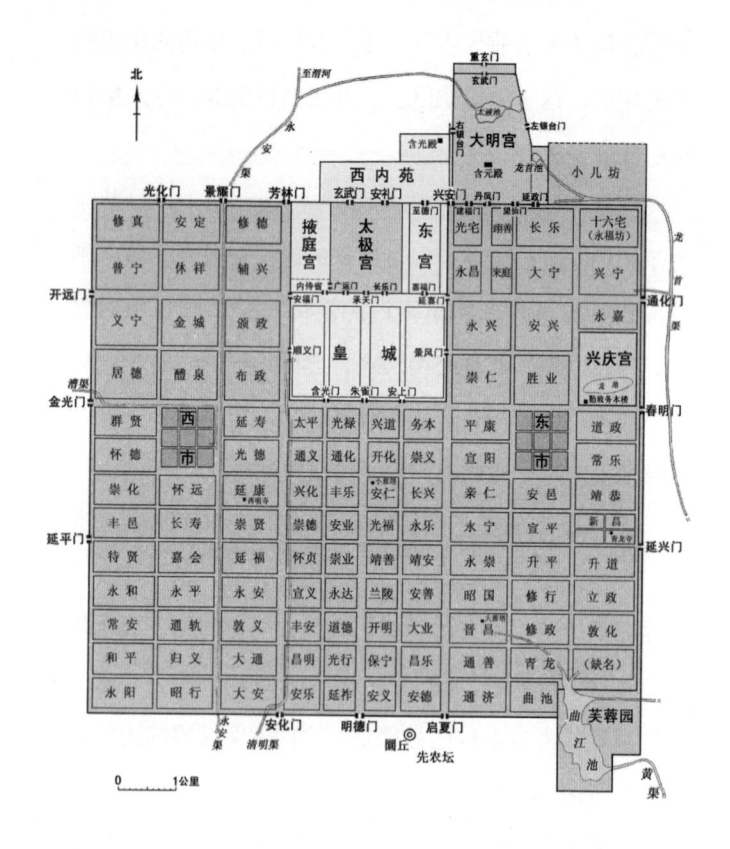

唐长安城平面图

西边延平门到东边延兴门大街北侧的里坊中。当然，张礼经过时，这些里坊早就盛况不再，只剩下草市（即乡间集市）。显然，务本坊及周边地区已经从原来的闹市区变成了乡间村落。

过了务本坊继续向南，二人便进入圣容院，参观这里的荐福寺塔。圣容院就是唐时荐福寺，位于原唐长安城安仁坊。荐福寺塔就是小雁塔，始建于唐代景龙年间，金末仅剩砖塔。明清遭遇多次地震，塔顶残毁，仅存13层。

再向南走，张礼和陈明微来到了永乐坊和崇业坊，参观古草场坡。然后向东南，进入晋昌坊，来到慈恩寺，登上大雁塔，读唐人留题。

慈恩寺建于隋代，名无漏寺，唐太宗贞观二十二年（648年）整修后，改名"慈恩寺"。大雁塔是高僧玄奘在唐高宗永徽三年（652年）主持修建的，与小雁塔东西呼应。

唐末大雁搭受损。五代后唐明宗长兴年间（930—933年），西京留守安重霸对其进行了修缮，此后长安居民争相来此游玩，"每岁春时，游者道路相属"。宋神宗熙宁年间（1068—1077年），大雁塔发生火灾，损毁较重，"而游人自此衰矣"。但是火灾也烧掉了安重霸整修时的涂抹，"而砖始露焉，唐人墨迹于是毕见，今孟郊、舒元舆之类尚存，至其他不闻于后世者，盖不可胜数也"。张礼、陈明微正是读了这些唐人留题。

慈恩寺在金代时被毁，大雁塔与小雁塔是唐长安城保留至今的两座标志性建筑。

慈恩寺、大雁塔所在区域，就属于唐代著名风景区曲江池了。曲江池得名，是因为水池形状弯曲。这里从秦代开始就是风景区，秦代修有宜春苑，汉代修有乐游苑。到唐代，被纳入长安城外郭城中，又引水灌注，扩大了曲江池的面积。唐玄宗时，再次凿池蓄水，形成周长7里的池塘。在唐代，1里等于280步，1步约等于1.5米，换算下来，唐代曲江池的周长约为2940米。

曲江池不仅有水池，还有由建筑群构成的系列景观，西边是慈恩寺、杏园，北边是青龙寺，南边是芙蓉园、紫云楼，东北则是另一著名景点——乐游原。因此，曲江池及其周边是唐代长安城君臣百姓、男女老少最重要的休闲娱乐场所。

曲江池风景优美，"花卉环周，烟水明媚"。每到中和节（二月初一）、上巳节（三月初三），士女云集，"彩幄翠帱，匝于堤岸；鲜车健马，比肩出毂"。赏牡丹必定要去慈恩寺，寺中有名贵品种。

曲江池的好处在于，任何人在任何时间、出于任何目的都可以去。有的人去踏青游春，像大诗人白居易写过《早春独游曲江》诗；寻常百姓也去，"轮蹄辐辏，贵贱雷同"；有的人趁着秋高气爽去，像诗人元稹写有一首《和乐天秋题曲江》诗。

当然文人去曲江池,也可能是蒙受皇恩召唤,出席御宴,"春风上苑开桃李,诏许看花入御园";也可能是大臣们散朝后兴之所至、信马由缰而去,像姚合写有《同裴起居厉侍御放朝游曲江》诗。至于诗友雅集,联句唱和,更是一定要去。且看这首崔群、李绛、白居易、刘禹锡4人在杏园所作的《杏园联句》,共写曲江、杏园美景:

(崔　群)杏园千树欲随风,一醉同人此暂同。

(李　绛)老态忽忘丝管里,衰颜宜解酒杯中。

(白居易)曲江日暮残红在,翰苑年深旧事空。

(刘禹锡)二十四年流落者,故人相引到花丛。

甚至长辈责罚误入歧途、不走正道的人也要去曲江。如白行简的传奇小说《李娃传》所写,荥阳公子郑生因为迷恋妓女李娃,荒废学业、耗尽财资,沦落在市井。他父亲进京,发现他的不肖之举,大为震怒,"乃徒行出,至曲江西杏园东,去其衣服。以马鞭鞭之数百。生不胜其苦而毙,父弃之而去"。

"何处春辉好,偏宜在雍州。花明夹城道,柳暗曲江头。"游曲江、赏牡丹,确实是当时一桩风流雅事。当然,万般风雅、千种得意,总还是比不过金榜题名。所以,唐代读书人同榜科举得中后,也会聚集曲江,凭风把盏,独领一时风骚。在唐代,考进士的人,或者才情高，或者抱负大，或者吃苦多，或者后台硬……总之都背负了压力、经受了考验。所谓"唐人最重进士科"，进士出身、位极人臣，是唐代社会中上阶层读书人心中的完美理想。学子及第后，可谓扬眉吐气。黄滔有一首《放榜日》诗：

吾唐取士最堪夸，仙榜标名出曙霞。

白马嘶风三十辔，朱门秉烛一千家。

郄诜联臂升天路，宣圣飞章奏日华。

岁岁人人来不得，曲江烟水杏园花。

按照习惯，新科进士们放榜后会来到曲江池举行一系列庆祝活动。本来，曲江宴饮是唐朝官府安慰落第贡士们的宴会，后来不办了，考中者就自发地跑去欢聚。新科进士们或者去曲江亭，名为"曲江会"；或者去杏园，叫作"探花宴"。一如刘沧的这首《及第后宴曲江》诗：

及第新春选胜游，杏园初宴曲江头。

紫毫粉壁题仙籍，柳色箫声拂御楼。

霁景露光明远岸，晚空山翠坠芳洲。

归时不省花间醉，绮陌香车似水流。

为了助兴和邀名，宴会上还会推出最年少的两个人骑快马在长安城中寻访名花，这就是诗人孟郊《登科后》诗中的名句"春风得意马蹄疾，一日看尽长安花"的由来。

宴饮之后，同榜进士们再转往慈恩寺，在大雁塔下题名，即把自己的名字刻在石碑上流传后世，尽享当世风流，领受朝野嘉誉。面对如此殊荣，大诗人白居易也禁不住自我膨胀一下："慈恩塔下题名处，十七人中最少年。"这些正是张礼和陈明微看的大雁塔唐人留题。

在新科进士们举行曲江宴饮的时候，长安城里的老百姓甚至官僚们出于好奇和敬佩也聚集到曲江，真可谓全城出动、商旅云集，"先期设幕江边，是以商贩皆以奇货丽物陈列，豪客园户争以名花布道"。

张礼和陈明微一路去了乐游原、青龙寺、杏园和芙蓉园。可惜，"曲江宫殿，废十之九"。曲江本有泉眼，从汉代即出水成流，到了宋代却成了"已塞之泉"，人去楼空、美景难留，"倚塔下瞰曲江宫殿，乐游燕喜之地，皆为野草，不觉有黍离麦秀之感"，竟有几分凄凉之感。

第二段，从启夏门到终南山。再向南走，出启夏门就彻底出城，进入郊外。韩建放弃了唐长安城的外郭城，但不代表外郭城已经消失，至少张礼还经过了启夏门，当然它应该已经残破不堪。到明代万历年间（1573—1620年）张嗣来到西安时，就见不到启夏门了。

进入城南郊外后，实际行程比外郭城内要远得多，见到的文物古迹也更多。在樊川一带，也就是今天西安市长安区韦曲、杜曲、少陵原等地，有唐代杜氏、韦氏两大家族的庄园，即所谓"韦曲樊川两半晴，竹庄花院遍题名"。到宋代，这里依然分布着不少达官贵人、僧侣道士的庄园、寺观。张礼和陈明微先游览了韦氏庄园的会景堂，再往东10里，就是少陵原上的杜曲。宋神宗熙宁年间，杜曲归侍御史范峨所有，"中有溪柳、岩轩、江阁、圃堂、林馆，故又谓之五居"。

在这周围，张礼和陈明微还游览了香积寺、草堂寺、兴教寺、华严寺澄襟院、元医之居、延兴寺、夏侯村白氏林泉、韦赵村附近塔院、神禾原唐朝宰相裴度别墅、杜曲丈八沟等处。这些地方，有的破败零落，比如香积寺"塔砖中裂，院中荒凉，人鲜游者"；有的香火鼎盛，比如兴教寺"殿宇法制，精密庄严"。

最后，张礼和陈明微终于进入"白云四望合，青霭入看无"的终南山，游览南五台、翠华山，参观了保留至今的景点翠微寺、冰洞、风洞等。下山后，经申店（今陕西西安长安区申店乡）返程，直抵明德门。

第三段，从明德门到含光门。唐长安城的南门从内到外分别是：宫城正南门承天门、皇城正南门朱雀门、外郭城正南门明德门。明德门遗址位于今天西安市城南杨家村以南。张礼和陈明微进入明德门后，从南向北，一路直行，经过延祚、光行、道德、永达4坊，来到崇业坊，参观这里的玄都观遗基。崇业坊以东是靖善坊，这里有大兴善寺，这一区域人迹罕至，"烟火不接，耕垦种植，阡陌相连"。崇业坊以北是安业坊,这里有唐昌观。

这次,张礼和陈明微没有走东南门安上门进京兆,而是走西南门含光门,遗址在今天西安城墙西南角唐皇城墙含光门遗址博物馆内。

7天的行程至此结束,张礼和陈明微在南郊一路经过的城郭、坊市、村落有50多处,还有原、河、湖30多处,以及园林、别墅、寺观40多处,其他如墓葬、祠堂、碑刻不一而足。此外,他们还寻访到120多位人物。这一趟行程,对张礼来说,不仅是休闲旅游,更是文物考古之行。他事后写成的《游城南记》,也为后世了解北宋中期京兆城南的真实面貌,提供了珍贵的第一手史料。

在元世祖至元十二年到至元十五年间(1275—1278年),意大利著名旅行家马可·波罗途经京兆,称赞说"城甚壮丽"。这座京兆城,后来更名"奉元城"。奉元城是元代奉元路治所所在地,在宋代京兆城基础上整修了城墙。

描绘奉元城原貌布局的著作,就是元末陕西行台治书侍御史李好文撰写绘制的《长安志图》3卷,为北宋宋敏求撰写的《长安志》一书补充了相关地图及解说。

从《长安志图》中所绘的《奉元城图》可以清楚地看到元代奉元城的城市布局和形态。奉元城城墙四面各开一门,因为南门、北门不在一条直线,所以城内建筑呈不对称排列,民居与市场、衙门、寺庙等建筑杂处。

奉元城图（元代李好文《长安志图》）

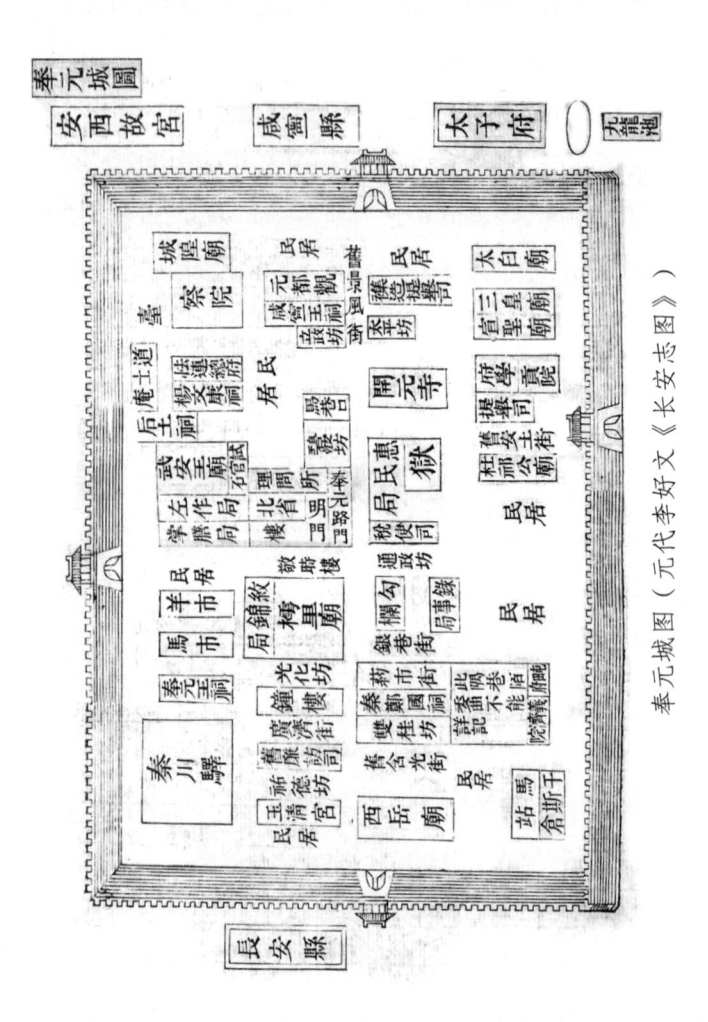

城西北是市场，有马市、羊市、秦川驿等；城东北有城隍庙、后土祠等；城西南有马站、千斯仓、养济院、西岳庙等；城东南有三皇庙、宣圣庙、太白庙；城中央区域分布着勾栏、惠民局等。

对比图中的元代奉元城与今天西安城可以发现，今天西安鼓楼的位置在元时为"敬时楼"，而元代奉元城的钟楼则位于今天广济街以东迎祥观巷。特别值得注意的是，元代时奉元城已有广济街。直到今天，广济街这一街名还在西安沿用。

二、宋元时期长安地方志

宋元时期，除了呈现宋代京兆城南原貌的《游城南记》和记录元代奉元城的《长安志图》，还诞生了一系列关中长安地区的方志，如北宋宋敏求的《长安志》、南宋程大昌的《雍录》、元代骆天骧的《类编长安志》等。其中，以宋敏求《长安志》为最早。

《长安志》编撰者宋敏求（1019—1079年），字次道，赵州平棘县（今河北石家庄赵县）人。宋敏求出身于官宦家庭。他的祖父宋皋为尚书度支员外郎、直集贤院，娶宋初著名诗人杨徽之之女，生子宋绶，也就是宋敏求的父亲。宋绶字公垂，"幼聪警，额有奇骨"，在他小时候，不屑于摆弄铜钱，"性孝谨清介，言动有常"，深受外祖父杨徽之喜爱，于是外祖父将家中藏书都传给了宋绶。宋绶15岁时，参加童子试，"真宗爱其文",对其予以肯定。后来宋绶出仕任官,做过参知政事,也就是副宰相。

宋绶主要的贡献和志趣在于著述,他参与修纂《真宗实录》《三朝国史》,还整理了朝廷图书。宋绶娶前宰相毕士安孙女为妻,毕士安也是藏书家,藏书又留给了宋绶。这样宋绶就得到杨徽之、毕士安两家藏书,使得他的藏书达万余卷,"其富盖有王府不及者"。难得的是宋绶是真正爱书之人,除了收藏书籍,他还自己校对整理。

在这样的家庭长大的宋敏求,继承了父亲宋绶的品性、爱好、学识,甚至有过之无不及。欧阳修称赞他:"少自立,不以门第骄于人,既长,学问好古为文章,天下贤士大夫皆称慕其为人。"他20岁时进士及第,26岁因为"习唐事"参与《新唐书》的编纂,后长期担任史官,除中间因为反对王安石新政被外放,一直深受宋神宗赏识。后来参与编纂《仁宗实录》《皇朝百官公卿表》《仁宗正史》《英宗正史》等。

宋敏求家中藏书达到3万卷,而且"皆略诵习,熟于朝廷典故"。相对来说,宋敏求更偏重于史学,"文学该赡,多识故事"。当时不少学者去询问他问题,"听其议论而慕其为人,虽与之终身久处而不厌也"。欧阳修写《新唐书》《新五代史》,刘恕协助司马光编《资治通鉴》、王安石编《唐百家诗选》等,都去宋敏求家查阅史料。甚至有记载说,宋敏求勤于校书,当时人都认可宋敏求的藏书是善本,争相以他的藏书为标准。宋仁宗时,宋敏求居住在开封春明坊,"士大夫喜读书者,多居其侧,以便于借置故也",竟然把春明坊的房屋租金都抬高了。

宋敏求学识、人品皆称一流,"公约清惇纯而敏于记学,其为文章、训辞、诰命,皆有程范。朝廷典故,士大夫疑义,必就取正而后决"。他本人勤于著述,作为唐史专家,他写过唐武宗以下六世实录共计148卷,撰写有唐代史料汇编《唐大诏令集》130卷、史料笔记《春明退朝录》2卷,还撰写了开封地方志《东京记》3卷、洛阳地方志《河南志》20卷、京兆长安地方志《长安志》20卷等。

关于长安及关中地区方志,古已有之,比如汉代辛氏的《三秦记》、南北朝时《三辅黄图》(作者名不详)、唐代韦述的《两京新记》等。不过这些书或者体例不严谨,如《三秦记》多收神怪灵异之事;或者亡佚不全,如《两京新记》5卷,仅存卷三残卷,保存在日本。唯独《长安志》一书,记录周秦汉唐历代长安及关中地区相关建筑、政区、地理情况,尤其是对唐代长安宫殿、坊市、县乡等内容记录详细,是后世研究唐代长安及关中地区的必备史料。

《长安志》一书是仿照《两京新记》的体例,增加内容、完善条目而来,撰成于宋神宗熙宁年间(1068—1077

年)。按照书中的主要内容,可以分成4个部分:

第一部分是卷一,列有"总叙、分野、土产、土贡、风俗、四至、管县、杂制"7个条目。"总叙"相当于京兆长安建都史,记叙周、秦、西汉、隋、唐各时期长安的名称变化、建都经过和历史演变。"分野"记述长安自然地理环境和形势,以及作为京师王畿之地的重要作用。"土产"与"土贡"类似,前者介绍特产,如蓝田玉等;后者介绍《禹贡》中所写上古雍州的进贡之物,如药材等。"风俗"分析总结长安及关中地区民风习俗,认为先秦时期民众以务农为本,民风淳朴踏实。汉代以后,富豪、侠客云集于此,开始争名夺利、奢侈享受、轻薄为盗,"故汉时京辅称为难理"。"四至"记述长安自然地理范围。"管县"写的是西汉、东汉、晋、隋、唐、北宋各代京兆长安以及冯翊、扶风的辖县及户口数。"杂制"记述建都长安的历代王朝的帝王庙宇。

第二部分是卷二,列有"雍州、京都、京兆尹、府县官"4个条目。"雍州""京都"两条目分别记叙雍州(大致相当于今天的陕西)、长安的名称变迁、地理范围的相关历史记载及历史演变。"京兆尹"记述汉、唐两代京兆尹一职任免情况,并有10余位代表性京兆尹的任职经历和事迹。"府县官"记叙唐宋时期京兆府下辖职官以及县级职官的设置情况。

第三部分是卷三至卷十，按照周、秦、东汉、西汉、西晋、前秦、后秦、西魏、后周、唐的历史朝代顺序，考证记录了历代政权的宫室楼阁空间布局和规划建造。比如阿房宫、上林苑、未央宫、建章宫等建筑的建造始末、名称由来、形制规格、坐标方位等方面都介绍得十分详细。其中从第六卷开始，描写了隋代大兴城、唐代长安城建筑布局，指出隋代大兴城出现了皇城、宫城的分别；仔细记录唐代长安宫城、皇城、外郭城的城门分布、名称、形制，及108坊、东西两市与散布其间的名臣府第、各教寺观、家庙祠堂等，再现了隋唐长安城作为当时世界最大城市的风采。

第四部分是卷十一至卷二十，记述万年县、长安县、临潼县等长安下辖24个县各方面情况，包括县治所在、县界范围、山川河流、桥梁道路、物产作物、驿站作坊、寺庙道观、居民村落、历史遗迹、帝王行宫、历代墓葬等内容，保留了很多珍贵史料，在自然地理、人文地理两方面都具有巨大价值。

继宋敏求之后，南宋初年程大昌撰写《雍录》一书，考订长安及关中地区古迹，其内容同样侧重于唐代，其实与宋敏求《长安志》性质相仿，特点是在书中配有略图。

到元代，先有长安本地人骆天骧撰写的《类编长安志》，书成于元成宗元贞二年（1296年）。此书体例是将宋敏求《长安志》的内容重新分类，并加入北宋、金、元时的资料，"稍增金元间沿革故事"。

到元朝末年，李好文特为《长安志》补绘平面图，并补充相关内容，即成《长安志图》。

至此，所谓"宋元长安四志"最终完成。比较来看，这"四志"各有特色，宋敏求《长安志》学术成就最高、史料价值最大。程大昌《雍录》略差，但该书响应宋孝宗北伐，增添了军事地理的内容。而骆天骧《类编长安志》胜在宋、金、元时期京兆长安史料上，同时，由于宋敏求《长安志》部分内容散佚，所以骆天骧《类编长安志》被用来辑佚。李好文《长安志图》虽然分量最轻，甚至无法独立成书，以至明清以来《长安志》《长安志图》二书往往合刻在一起；但是，《长安志图》书中农田水利等方面内容是李好文在陕西任职期间的亲身记录，同样具有不可替代的价值。

宋元时期长安乃至关中地区的方志、地图的撰写、绘制和流传，一方面佐证了长安乃至关中地区学术氛围犹存；另一方面也表明，从北宋开始陕西军事战争不断，对地图、方志产生了实际需求。这与京兆地区在北宋的地区性质和定位有密切关系。

国内现存年代最早的全国疆域地图，是伪齐（北宋叛臣刘豫在金政权扶持下建立的傀儡政权）阜昌七年（1136年）的石刻《禹迹图》和《华夷图》，此所谓"最古者,唯伪齐阜昌之《禹迹图》《华夷图》,开方记里,虽简,实舆图之鼻祖也"。

这两幅地图分别刻在一座方形石碑的两面,正面刻《禹迹图》后6个月,在背面又刻上了《华夷图》。石碑高约90厘米、宽88厘米、厚18厘米,没有碑头和碑座。这座石碑原在凤翔府岐山(今陕西宝鸡岐山)县学,现藏于西安碑林博物馆。《禹迹图》《华夷图》两幅地图大小相当,都是长约79厘米、宽约78厘米。如将石碑竖立,则正面《禹迹图》为正立,背面《华夷图》为倒立。后人推测,这座石碑上的两幅地图,是作为印刷、拓印之用。

《禹迹图》将《禹贡》中的上古地理信息对应转化到宋代政区地图上,同时也包括一些秦、汉、魏晋时期的地理信息。《华夷图》的内容主要是在宋代政区上标示山川、湖泊、州县的地理信息;同时还将"四方蕃夷"的地理位置也标注出来,即"四方蕃夷之地,唐贾魏公图所载,凡数百余国,今取其著闻者载之",这也是其得名"华夷图"的原因。

《禹迹图》和《华夷图》的绘制,都采用了"计里画方"的方法,就是地图上每个方格,折合现实100里,这与现代地图绘制方法中的比例尺性质相同,具有极高的准确性。这个方法是唐代贾耽(730—805年)改进晋代裴秀"分率法",进一步精确、细化而来,比欧洲

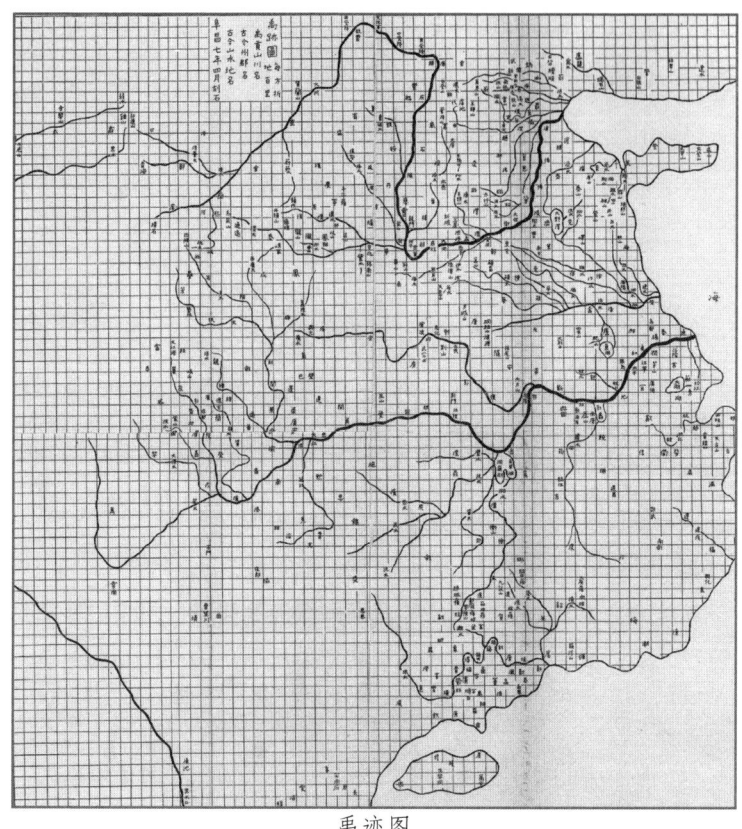

禹迹图

早了约500年。贾耽用这个方法创作了《海内华夷图》及《陇右山南图》等。这种绘图方法为后世沿用,直到清朝。

《禹迹图》的上部,由73条纵线、70条横线划分为5110个正方形网格,每格边长1.1厘米合现实中100里,约相当于现代比例尺1:5000000。因为比例准确,所以该图显示的边境线、海岸线及江河走向等,与真实情况非常接近。同时,为了区分海陆,该图海上部分未画方格。

目前可以确定的是,至少《禹迹图》原图绘制于京兆。因为据记载,宋高宗绍兴十二年(1142年),镇江府学教授俞篪将宋哲宗元符三年(1100年)刊行于京兆的《禹迹图》在镇江上石刻碑,此碑现藏于镇江博物馆。而这幅《禹迹图》的内容、大小,与碑林馆藏的岐山县学《禹迹图》如出一辙。

《禹迹图》中所绘黄河入渤海的河道,是宋仁宗庆历八年(1048年)黄河下游改道后的状态,因此有学者推断,《禹迹图》原图绘制于北宋中期以后。而《华夷图》中的黄河入海口,却是黄河在庆历八年改道以前的状态。因此,《华夷图》原图绘制时间可能较早,甚至可能是唐代。

碑林藏岐山县学《禹迹图》和《华夷图》石碑,是中国地图绘制的重大成就,是宋代京兆长安学者、工匠的创造。

第八章 "豪华尽成春梦，留下古今愁"
——宋元时期长安地区社会生活

经过唐末五代的混战，长安及周边地区遭到严重破坏，直到北宋建立后，社会秩序才得以稳定，呈现出人口增长、水利设施兴建、手工业发展、商品经济繁荣等良好势头。

金代，隐居长安终南山下的王重阳创立全真教。全真教影响席卷全国，成为北方第一大教派，繁荣延续百年。虽然蒙金战争造成长安及周边地区人口锐减，但由于忽必烈推行汉法，元代长安及周边地区社会经济也逐渐恢复。

一、宋代长安社会生活

关中所在的渭河平原，历来是西北乃至全国农业最发达、人口最稠密的地区，因此长安才被汉、唐等王朝定为国都。据学者统计，在唐玄宗天宝年间（742—756年），与宋代陕西路相当的区域内，人口户数接近95万，约占全国记录在册总户数的11%。此后，经过唐朝后期尤其是五代时期，持续数十年的兵戈扰攘，长期疯狂的战乱造成生灵涂炭、物力耗损，长安乃至关中地区遭到严重的战争破坏，人口下降迅速。在北宋初太平兴国五年（980年），京兆地区的户数仅为26万多户，在全国十五路中排在第十位，在北方各路中仅仅高于陕西西部的秦凤路。

其实，汉唐时期，长安及关中地区人口户数庞大，有部分原因在于关中贵为天子脚下首善之区，朝廷动用政治力量，强制迁外地富户、劳力入长安及关中，这些外来人口除了直接增加长安及关中地区人口数量外，还带来了大量资金物资，加速了长安及关中地区的经济发展。然而，从唐朝后期尤其是五代后梁开始，历代王朝的统治中心转移出了关中，逐步向西，落脚到洛阳、开封，关中地区也随之失去了外来人口和资源的大规模涌入，往昔弘廓辉煌的"汉唐规模"转眼成明日黄花，被人遗忘殆尽。

据史料记载，有一天宋仁宗阅读《东观汉记》，向左右询问长安城的典故史实，竟然无人能应，都推荐赵师民。赵师民"因陈自古都雍年世，旧址所在，若画诸掌"。宋仁宗非常感慨："何其所记如此！"这一记载虽然旨在夸赞赵师民博闻强记，但是也反映了经过五代乱世之后，长安、关中乃至陕西地区日渐淡出历史社会主流的事实。

当然，战争并非这一时期的特产，在更久的历史长河中，长安及关中地区也曾经屡屡成为王朝更迭、异族入侵的重要攻击目标。所以，比起殿阁楼宇更加弥足珍贵的是，京兆及关中地区的居民在唐末五代的战乱中，依然坚守质朴勤劳、坚忍顽强的本心，逐步恢复了京兆关中地区的生机和活力。

再加上京兆地区自然条件得天独厚、资源丰富，"有铜、盐、金、铁之产，丝、枲、林、木之饶，其民慕农桑，好稼穑。鄠杜、南山，土地膏沃，二渠灌溉，兼有其利"，因此总不至于荒凉零落或一蹶不振。正如南宋时大学者朱熹曾经这样描述他印象中的京兆陕西风土人情："雍州土厚水深，其民厚重质直，无郑、卫骄惰淫靡之习。以善导之，则易于兴起，而笃于仁义；以猛驱之，则其强毅果敢之资亦足以强兵力农，而成富强之业。"

北宋时期，出于支援前线驻军的需要，京兆及关中地区农业生产比较受官府重视，一大批水利工程得到整修和兴建，从东边的同州（今陕西渭南大荔），到西边的郿县（今陕西宝鸡眉县）、武功（今陕西咸阳武功），从北边的邠州（今陕西咸阳彬县）、三原（今陕西咸阳三原），到南边的京兆樊川（今陕西西安长安区），水渠纵横、灌区密布。比如，唐朝时，关中三白渠最高灌溉面积曾达到1万余顷，可是由于战乱失修，三白渠水道淤塞，其灌溉面积急剧缩小。宋太祖乾德年间（963—968年），经过简单疏通后，灌溉面积只有不到2000顷。到宋仁宗庆历年间（1041—1048年），专门从河南召集水工到关中，"置斗门溉田之方"，使得白渠灌溉面积超过了6000顷。又过了70多年，到宋徽宗大观年间（1107—1110年），白渠下游水道改造，引入新水源，使得灌溉面积猛增到35090余顷。

另外，京兆之地本来缺水，"长安地斥卤，无甘泉"。宋真宗时，陈尧咨知京兆府，"疏龙首渠注城中"，既有利于农田灌溉，也方便了居民日常使用。其他水利工程如张载在郿县开井田渠及华州（今陕西渭南华县）的敷水灌区，"溉田甚广，民间颇称利便"。

与完善的水利工程相配套，是粮食加工工艺的改进。在京兆城南韦曲一带，农户们依托丰富的水利设施，大量架设"不匮一夫之力"的水磨，加工面粉，生产效率大幅提高，"可给千人之食"。

这些措施对京兆及关中地区农业生产的恢复和发展大有裨益。担任过陕西路转运使的包拯，在宋仁宗皇祐三年（1051年）上书朝廷称："陕西累岁丰熟，今秋又大稔。"宋神宗熙宁九年（1076年），秦凤路转运使皮公弼上奏，说陕西西部"本路今岁极丰，而常平多积钱"。

随着粮食产量的增加，陕西的人口终于开始恢复。据学者统计，从宋太宗太平兴国五年到宋神宗元丰元年，京兆及关中地区户口数的年平均增长率为10‰，高于同时段全国户口数年平均增长率的9.6‰。到元丰元年（1078年），京兆及关中地区总户口数增长到706000余户，其中京兆、商州人口增长最快，像京兆每平方千米土地分布的户数约为70户，大大超过其他地区每平方千米户数；就北宋全国来看，也绝对是人口密度较高的府州之一。到了宋徽宗崇宁年间（1102—1106年），加上陕北、陕南，陕西地区户口数已经突破了112万。

北宋时期，京兆及关中乃至全国社会生产关系和阶级状况已经发生了新的变化。在官府文件中，有土地的人家称为主户，没有土地的佃户称为客户，这跟唐代以主户称呼本地农户、以客户称呼外地迁入农户不同。称谓的变化，反映了宋代佃户拥有独立的户籍，对地主的人身依附程度大为降低的事实。佃户租种土地，在收割粮食及清缴地租后，可以离开原来的地主，自由选择其他地主，甚至是外地地主；如果原来的地主横加阻拦，佃户可以去官府告状，官府裁判的依据当然是双方的契约。这跟唐代以前不许佃户甚至农民离开自己的土地相比，大为进步。

人口自由流动，一方面体现了社会成员自身地位的提高，另一方面十分有利于社会经济发展，因为只有脱离了土地的束缚，才会有更多劳动力投身到其他生产行业，比如手工业等。而且，此时的手工业作坊内部，不再是单一的主人与奴婢关系，而是出现了进步的师徒关系、雇佣关系。

在京兆陕西，最有代表性的手工制造业当然是瓷器制造。京兆并不是瓷器产地，最著名的瓷器产地是耀州。"耀州窑"位于今天陕西铜川王益区黄堡镇南210国道旁。夹漆水河两岸，在南北约5千米、东西约2千米的范围内，遍布瓷窑，号称"十里窑场"。其所产瓷器，即为"耀瓷"。

中国烧制瓷器的历史，可以一直上推到距今7000年的新石器时代，但是完成从陶到瓷的进化，却耗费了几千年的时间。东汉出现青瓷，魏晋南北朝时期出现半青瓷，隋代出现白瓷，再到宋代涌现钧窑、汝窑、官窑、定窑、哥窑"五大名窑"，四海闻名。甚至有一种说法认为，北宋之前都是陶器，从"五大名窑"开始，才有了真正的中国瓷器。

耀州窑始于晋代，在唐代发展成熟，到宋代形成以烧制青瓷为主，兼有白瓷、黑瓷等多个品种、各种器型的大型综合瓷器生产基地。耀瓷胎釉轻薄、匀称，"击其声，铿铿如也；视其色，温温如也"，釉彩饱满、釉面晶莹。器物花纹图案丰富，构图严谨，刀法生动，技艺高超，毫无疑问是北方青瓷的代表。

耀瓷是朝廷指定的进贡御用之物，《宋史·地理志》载有耀州"贡瓷器"。同时，耀瓷也被社会大众广泛采购，行销海内外。1971年辽宁朝阳北票辽朝墓葬中曾出土一件耀州窑摩羯形水盂，青釉晶莹素洁，胎质细腻坚硬，设计精巧，造型别致，为耀瓷精品，被定为禁止出国（境）文物。此外，1953年在北京广安门外出土一批耀瓷，被认为是金人攻占开封后掠夺到燕京的北宋宫中御用贡瓷，或是金初耀州窑烧制的贡瓷。而且，不只是国内，在朝鲜半岛、日本、东南亚、西亚等地均有耀瓷出土。显然，耀瓷也作为重要外销商品，行销海上丝绸之路沿线国家和地区。

以耀瓷为代表，当时陕西等地有一批出色的手工业。比如凤翔造船场在宋真宗时能够年造船600艘，在全国11家造船场中位居第二；还有邠州出产的火钳和剪刀，是北宋宫廷御用之物。另外，像凤翔等地的铁矿、商州等地的金矿、兴元等地的银矿等，都开设了官府开采冶炼机构——坑务、冶务。

相对来说，京兆更像是耀瓷等精美商品的集散地。唐朝时，贵为国都的长安设东、西二市，集中进行商业活动，而城内其他里坊，不允许随意开设市场。宋朝与唐朝不同，里坊墙壁被打破，允许小型集市存在，像京兆城外近郊的"草市"非常普及和活跃，刺激了宋代商品经济的壮大和发展。京兆"家累巨万"的富商大贾不乏其人。商人在京兆有极大的影响力，在宋仁宗、宋徽宗时，两次进行"罢市"，停止商业活动，影响波及全城。

京兆等地商人的活动，除了满足本地居民日用需求外，最重要的交易对象是西夏和川蜀。北宋与西夏达成和议后，在边境开设"榷场"进行互市。榷场的交易分官营、私营两种。官营榷场是由朝廷向其划拨一定数量本金或香料、象牙等贵重物品，榷场官员利用这些财物与对方贸易；私营榷场则是民间百姓、商人自己运送货物到本国或对方榷场，等候对方商人来采购。榷场内的交易，全部由职业经纪人"牙人"负责，买卖双方并不直接接触。民间百姓、商人进入榷场贸易，需交纳各种费用，比如付给牙人的"牙钱"；再有就是每笔生意总价的百分之五，作为税金上缴榷场。榷场贸易各方获利，利润颇丰，北宋每年都会考核各榷场的本金使用情况，并对榷场官员进行奖惩。

北宋出口的商品一般包括茶、米、麦、丝、麻、药材等，西夏出口的商品有盐、药材、绵羊等。另外，宋夏双方有各自的禁售商品，比如北宋榷场禁止出口牛、书籍（"九经"除外）、兵器、人口等，西夏榷场禁售马匹、兵器等。相比来说，西夏更加迫切需要北宋出产的生活资料和生产资料，而北宋也急需重要的战略物资——马匹，这导致在榷场贸易之外，还存在着大量走私贸易。

京兆地区商人们向北去西夏、往南去川蜀，互通有无，"往返获利最厚"，这促成了京兆地区商品经济繁荣。北宋朝廷也充分认识到这一地区的商业实力，神宗时期，在京兆及关中地区设置有113处税务机构，在熙宁十年（1077年），整个关中地区的商税额高达34万贯，而京兆一地的商税额超过8万贯。

如此生机勃勃的京兆，再不是唐末五代各方混战的那个"修罗场"，而是"衣冠豪右，错处其间，连甍接栋"。宋仁宗庆历二年（1042年），知京兆府兼陕西转运使范雍组织修葺京兆城池，在清明节与属下泛舟兴庆池。众人创作了一组以"兴庆池禊宴"为题的律诗，其中有"禊席临川花照耀，游车分路水逶迤""歌吹满船花夹岸，酒帘无处不留人""丝竹绕堤浮舴艋，绮罗照水戏秋千""映花语笑秋千女，隔岸丝簧祓禊人""物态随春秀，歌声洽政淳"等句，盛赞当时清明春禊游人如织的太平景象。

提到诗词创作，相较于唐代的诗人辈出，宋朝出身京兆关中地区的诗人数目寥寥，较出名者有：京兆长安人韩溥，他也是宋初散文家、书法家，他的尺牍在文人士大夫间广为流传；邠州（今陕西咸阳彬县）人陶穀，学识渊博，为宋初著名学者；同州韩城（今陕西渭南韩城）人张昇，宋仁宗时出任参知政事、枢密使，善诗文；华州（今陕西渭南）人李廌，是苏轼的学生，被苏轼赞誉为"笔墨翻澜"；宋徽宗时，邠州人张舜民正直敢言、痛陈弊政，亦是一位著名诗人。

有诗就有画，宋代著名画家有范宽，他是耀州华原（陕西铜川耀州区）人，本名中正，范宽是外号，意即他性格宽和。范宽长期寄居终南山、华山写生，画作构图大气，笔力雄浑，画出了终南山、华山的挺拔山势和磅礴气概，被誉为"得山之骨"，开创了北方山水画一大流派。在范宽之后，另一京兆山水画名家是长安人许道宁，"善画山林泉石甚工"。不过，许道宁并没有师承范宽，"而笔法盖得于李成"，即师承五代、北宋画家李成。宋真宗、仁宗时著名诗人张士逊赞誉他："李成谢世范宽死，唯有长安许道宁。"

宋代京兆地区的文化活动，除了文人士大夫间的笔墨休闲，也有普通民众热衷参与的群众文化活动，比如春、秋两季祭祀土地神的春祈秋报。春祈是在仲春月吉日（即社日）春耕时节举行，祈祷风调雨顺；秋报是在孟冬月吉日举行，秋收后报答神功，也就是秋神报赛，场面盛大，"四方辐辏，熙熙攘攘者，盖踵相接也"。京兆地区百姓聚集于当地城隍庙、土谷神庙、五岳庙、菩萨庙、娘娘庙、财神庙、龙王庙、文昌阁等，竞技献演，各种艺术形式汇聚一堂，热闹程度不同寻常。当时人评价京兆关中之人喜欢"夸尚气势"，其实也体现在好动、爱闹。

特别是京兆地区为李唐故地，多少保留有盛唐礼乐遗风。比如著名学者沈括就提到，唐代羯鼓曲在其他地方已经失传，只能在京兆及陕西地区听到，"今唯邠州父老能之"；他在鄜延时，听到过一首《大合蝉滴滴泉》，颇多感慨。

二、元代长安社会生活

金朝全真教道士马钰曾经描述当时的京兆:"满城人,半做经商,半修炼真气。"其中"半做经商"好理解,是指京兆地区商业发达;"半修炼真气"则反映了金元时期,全真教在京兆地区的广泛传播和巨大影响力。

由于金人铁蹄南下,京兆地区的社会经济再次遭遇毁灭性打击。女真人以游猎为生,"不知耕稼",他们发动战争的主要目的在于掠夺财富,因此,女真贵族习惯于掠夺人口和土地,将京兆地区居民变为奴隶,为自己耕种,"兵威所加,民多流亡,土多旷闲"。

著名宋史专家漆侠先生认为,社会经济的发展程度与农业精耕细作的发展程度相同步。京兆地区在北宋时期,农业发展已经落后于中原与南方,也就是说京兆社会经济发展程度并不居于全国领先水平。而残酷的宋金战争更进一步摧毁京兆关中社会经济，"民庶流离，概无乐土，外困于南北之争战，内困于旦暮之转输"。同时，迁居京兆关中的女真人则开始了"习汉风"的过程，多元文化交织，促成了全真教大行其道。

京兆关中地区自古以来就有道教传统，比如这里有道教七十二福地之首终南山楼观台，传说肇端于西周时期，历经魏晋南北朝，在隋唐时期达到鼎盛。因为唐朝皇室追认道家老子为祖，宋朝皇室尊奉赵玄朗为祖，而这两个人物都被纳入道教神仙谱系，所以道教在唐、宋两代地位尊贵。先是在唐高祖武德七年（624年），改建楼观台为宗圣宫；唐玄宗时再次扩建，成为当时全国规模最大的皇家道教圣地；北宋也对宗圣宫多次修缮、扩建。北宋初年，京兆关中地区还集聚了华山隐士陈抟、华阴隐士李琪、京兆道士吕嵒（即吕洞宾）、终南道士谭峭等名士，讨论术业，对"三教合流"思想大有贡献。

在宋金对峙时期，南宋流行符箓派天师道，北方道教则形成三大新教派，分别是：符箓派太一教、内丹派真大教、内丹派全真教。其中，影响最大的全真道创立者是王喆（1113—1169年），原名中孚，字允卿，家在今陕西咸阳秦都区双照镇大魏村，家中富有资财。他年轻时"美须髯，目长于口，形质魁伟，任气好侠"，积极入仕，先后参加过伪齐、金的科举。有学者认为，他后来投身金人军队，改名德威，字世雄，在对宋军作战中立了军功，被授予地方小官。但此后二十几年，他升迁无望，逐渐对世事心灰意懒。

金海陵王正隆五年（1160年），他47岁时在甘河镇（今陕西西安鄠邑区甘河镇）得遇仙人传授口诀，就此辞官归隐，改名喆（也作嚞），字知明，号重阳子。接着，他与李凝阳、和德瑾二位同门来到终南山南时村修行内丹炼养之术。王喆对外佯装疯癫，自称"王害风"（"风"通"疯"），意即自己得了疯病。他掘地穴而居，封高数尺，设"王害风灵位"，名为"活死人墓"。

在南时村穴居3年后，他自填地穴，迁居终南刘蒋村，改为搭建茅草庵居住。又过了4年，他并没有赢得当地人的崇信，只招收到史处厚、严处常寥寥几个徒弟。金世宗大定七年（1167年）四月，他烧掉自己的草庵，走出关中，远赴山东沿海地区传道。

果然是"外来的和尚好念经"，这年七月王喆在山东宁海（今山东烟台牟平）收当地富豪马从义为徒。马从义改名马钰，字玄宝，号丹阳子，在自家后园为王喆搭建全真庵，是为全真教之肇始。很快，谭处端、丘处机、王处一、刘处玄、郝大通，以及马钰之妻孙不二6人也相继拜在王喆门下，就是赫赫有名的"七真"。

"七真"都通文墨,各有文集传世,对内丹派全真教的传播贡献极大。这样,从大定七年到大定九年(1169年),王喆在"七真"协助下,用短短3年时间就完成了开创教派、发展教众、宣扬教义等工作。大定九年秋,王喆带领马钰、谭处端、丘处机、刘处玄等4名弟子西归关中,行至开封,以后事托付大弟子马钰,无疾而终,寿年58岁。

马、谭、丘、刘四弟子扶灵柩回返京兆终南山刘蒋村下葬,结庐守墓,名为"祖庵",后来改名"重阳万寿宫"。此地也随之更名为"祖庵镇"。再后来,郝大通来到此地一同守墓。此后数年,五人都在关中地区活动,如马钰在王喆旧隐之处、丘处机在凤翔磻溪、谭处端在渭水南岸朝元观。此后马钰掌教的20余年,全真教主要在山野市井活动,比如马钰曾经在京兆街上化"自然钱",强调无为清修,不与朝廷往来。这种简朴的作风,深为民间各阶层百姓所接受,信教者日增。全真、太一、真大等教派的发展,引起金世宗的警惕,大定十八年(1178年),金世宗下令禁止民间修建寺庙道观;大定二十一年(1181年),又下令道士回归本乡。马钰将京兆关中教务托付给丘处机,离开京兆回到山东故乡,大定二十三年(1183年)冬卒。谭处端继之为全真教掌教。大定二十五年(1185年),谭处端卒。刘处玄接续为全真教第四代掌教。刘处玄与马钰观念稍有不同，强调无为、有为并重，即道士除了出世清修，也要入世活动，全真教由此开启了新的发展阶段。

大定二十七年（1187年），金世宗出于兴趣，召见了全真教中最具神异的王处一，赐鸩酒，王处一饮而无恙。金世宗大为信服，此后又多次召见、赏赐，全真教由此与统治阶层建立了联系，并促成了金世宗后期、金章宗时期全真、太一、真大、五行、毗卢等宗教教派的兴盛发展。

章宗继位后的金朝，一方面统治阶层沉迷宗教，寻找精神寄托；另一方面北方蒙古崛起，军事压力增大，朝廷开始售卖寺额、度牒等款。这些因素给全真教的发展提供了新的助力，全真教借此机会兴建寺观、招收徒众，与统治阶层广泛结交。金章宗泰和三年（1203年）刘处玄卒，丘处机接任第五代掌教，更加积极入世度人，"有为十之九，无为虽有其一，犹存而勿用焉"，甚至出现了不少女真族全真道士。

金章宗泰和六年（1206年），成吉思汗建立大蒙古国，不久，挥师南下，金人节节败退。金宣宗贞祐二年（1214年），金人为躲避兵锋，迁都开封，疆土日蹙，各地反抗不断，金廷甚至求助丘处机出面安抚百姓。乱世之中，百姓没有依靠，更加依赖能够在精神、物资等方面救世活人的宗教教派，于是，全真教由此得到进一步壮大。像后来成为全真教第七代掌教的丘处机十八大弟子之一的李志常，就是在此时拜师入道。

此时的全真教一呼百应，俨然一方势力，为各方所重视。首先是在金宣宗贞祐四年（1216年），金廷延请丘处机；接着，宋宁宗嘉定十二年（1219年），南宋朝廷也遣使延请丘处机；而同年十二月，成吉思汗的使者也来延请丘处机。

权衡利弊之后，丘处机选择了蒙古。在成吉思汗十五年（1220年）正月，73岁高龄的丘处机率领十八弟子从莱州出发，跋涉2年多，行程万余里，于成吉思汗十七年（1222年）四月五日来到阿姆河南岸（位于今阿富汗）蒙古军驻地。

成吉思汗非常满意丘处机"他国征聘，皆不应"，跨域万里来向自己输诚，而丘处机的奏对应答也很合成吉思汗的心意。成吉思汗敬称丘处机为神仙，召集王子诸将训话："汉人尊重神仙，犹汝等敬天，我今愈信真天人也。"

成吉思汗十八年（1223年）三月，丘处机率十八弟子东归，成吉思汗派人护送，沿途受到各地蒙古官员礼敬。这次行程整一年，成吉思汗十九年（1224年）三月抵达燕京。蒙古贵戚高官争相结交，丘处机顿时身价倍增，一跃成为北方道教领袖，"由是玄风大振，四方翕然，道俗景仰，学徒云集"。丘处机抓住机会，提出"立观度人，时不可失"，派出门下弟子兴建宫观、广收教徒，从此全真教席卷北方，进入鼎盛时期，"声势隆盛，鼓动海岳"。

其中，京兆地区作为全真教发祥地，自然备受重视。像丘处机去世后，出任全真教第六代掌教的尹志平，在蒙古窝阔台汗十三年（1241年）大集教众，会葬王嚞，"时陕右虽甫定，犹为边鄙重地，经理及会葬者，四方道俗云集，常数万人"。这期间，尹志平在陕西地区营造二观四宫、度弟子千人。长期在陕西地区传教的则是马钰的弟子于志道，后来拜入丘处机门下。尹志平之后，全真教第七代掌教李志常任命于志道执掌陕西、陇右等地教务，"不十载，雄宫杰观，星罗云布于三秦"。

当其时，京兆陕西道教之盛，风头无两。留存至今日的最著名的道教建筑，无疑首推"八仙宫"。位于今陕西西安东关长乐坊的八仙宫，为陕西省道教协会所在地。此地原是唐朝兴庆宫旧址，在北宋时地下经常传出雷鸣之声，故在此地建造雷神庙。传说北宋末年，有人在这里遇到八仙，就此产生八仙的传说。后来，全真教兴建宫观，就扩建雷神庙为"八仙庵"。明代时，它成为规模宏大、远近闻名的道教宫观。现存建筑均系明清两代修建，原来保存有唐代石柱，在"文化大革命"时被破坏。道观布局对称，中路是奉祀道教诸神的正殿：灵官殿、八仙殿、斗姆殿；东路是吕祖殿、药王殿等；西路是

八仙宫

邱祖殿、住持住房等。另有西花园，占地近百亩。

在道观山门外大牌楼前有"长安酒肆"石碑，题"吕纯阳先生遇汉钟离先生成道处"，相传是钟离权十试吕洞宾道心、对其点化之处。正殿八仙殿，供奉八仙神像。八仙传说出现于宋代，到明代正式确定为张果老、韩湘子、吕洞宾、汉钟离、何仙姑、铁拐李、曹国舅、蓝采和八位仙人。其中吕嵒，字洞宾，号纯阳子，正是唐末宋初京兆人。

相比于全真道教的兴盛，在蒙（元）入主京兆陕西之初，百姓的社会经济生活正经历着一番兵火劫难。

蒙（元）起家于草原游牧，并不从事农耕，在他们眼中，良田万顷不如牛马成群，所以，蒙（元）大军占领京兆地区后，就驱赶百姓，抢占耕地，"以为牧地"，再加上战乱厮杀、百姓流离，此时的关中地区"兵火之余，八州十二县，户不满万，皆惊忧无聊"。实际上，金之末年京兆关中地区有278000多户，而根据《元史·地理志》所载数据，蒙（元）入主京兆关中地区之初户数为33000余户，人口骤减，触目惊心。

直到忽必烈受封，京兆地区为其领地，建立京兆宣抚司，任用杨惟中、马亨、廉希宪、商挺、姚枢、贺仁杰、贺胜等人，"以宽简治之"，也就是以汉法治理，"凡五年，民安而课裕"，京兆地区的社会生活才逐渐恢复稳定。例如，通过修复水利设施，元朝末年关中地区灌溉面积达到45000顷。京兆城南、渭南、凤翔、鄠屋（今陕西西安周至）、栎阳（今陕西西安阎良）等地区，小麦种植"盛于天下"，是元朝重要军屯区和军粮供应基地。此外，像棉花等经济作物也得到推广，人民"深荷其利"。

有别于此前宋金时期，京兆此时成为大一统元朝的一部分，原西夏所产池盐，经过陕西，行销东南。至于传统的造船、冶铁等手工业，依然发展良好。元世祖至元十二年到至元十五年间（1275—1278年），马可·波罗途经京兆及陕西。根据他的记述，京兆地区的人口、经济各方面都走上了正轨，手工业、商业十分发达，市场也非常繁荣。

马可·波罗渡过黄河后，走了三天，到达澄城（今陕西渭南澄城），他写道：

> 这里的居民都是佛教徒。他们经营的贸易相当广泛，并从事各种制造业。这一带盛产丝、生姜和许多药材。这些药材是我们所在的那个世界几乎不知道的。他们也编织金线织物和各种丝绸织品。

经过澄城，再向西走了8天。

继续遇到许多城市和商业城镇，并且路过许多果园和耕地。那里有大量的桑树，促进了丝的生产。居民大都信奉佛教，但也有聂斯托利派的基督教徒、突厥族人与撒拉逊人。

就此到达安西王忙哥剌管辖的京兆,马可·波罗记载这里以制造丝织品著名,市场商品丰富多样,而且物价稳定适中。

这是一个大商业区,工商繁盛,其制造业闻名遐迩。这里盛产生丝、种种金锦丝绢,其他品种的丝绸这里也都有生产。这里照样还能制造各种军需品。各类食品也很丰富,凡人生必需之物,城里都有,并且售价适中。居民大部分是佛教徒,但也有一些基督教徒、突厥族人和撒拉逊人。

过了京兆府继续西行,又走了3天。

一路上有许多美丽的城镇和小城堡。那里的居民以经营工商业为主,也生产大量的丝。

进入秦岭山区,令人意外的是,这里依然有城镇:

穿越这个地带要走20天的路程,道路蜿蜒盘旋在群山、峡谷和密林之中。但是,也有许多城镇,能够为旅客提供便利的膳宿之所。

当然,元代京兆及关中地区社会生活最有特点的内容就是戏曲文化活动。蒙(元)金交战时期,忽必烈曾经纵军劫掠京兆关中妇女,在京兆城中设置教坊、行院、勾栏。勾栏就是专门的戏曲演出场,规模最大的一处勾栏"可容数千人"。

金末元初著名诗人元好问青少年时随叔父居住于略阳(陕西汉中略阳),亲眼得见当时京兆关中风俗,他写道:"关中风土完厚,人质直而尚义,风声习气,歌谣慷慨,且有秦汉之旧。"他的《长安少年行》,写了富家子弟日夜歌舞的情景:"日暮新丰原上猎,三更歌舞灞桥东。"

第九章 「汉武好神仙,黄金做台与天近」
——宋元时期长安地区神怪传说

宋元时期,长安及周边地区也产生了很多侠客能人传说,比如陈抟相术精绝,未卜先知;宋金交兵之时,僧人赵宗印投身戎马,虽然毁誉参半,但也做出一番事业,引得当时及后世之人唏嘘感叹。至于神怪之事,更是不绝于书,或凶险惊奇,或诗情画意,可为一观。

一、异士任侠传说

长安古来繁盛,神怪传说多矣。早有黄帝荆山(今陕西西安阎良荆山原)筑鼎,乘龙飞升;又有汉武帝甘泉(位于今陕西咸阳淳化)承露,化为龙凤;更有唐玄宗夜游月宫,仙曲霓裳。及至宋元时代,虽然已经斗转星移、物是人非,但神怪传说仍不绝于书,内中记载异士任侠、神怪之事皆神通离奇、经历曲折,比之前代亦不让分毫,可为一观。

贵为汉唐故都的京兆,地下尽有前朝异宝。据南宋郭彖的《睽车志》记载,宋徽宗政和至宣和年间(1111—1125年),有个京兆人在城郊放牛,牛总是走丢,这个人就去寻找,发现牛卧在一处地方,青草特别鲜嫩青软,"方丈之内异于常草"。从此,每当他看不见牛,他去那片草地准会找到。

一天大雪，这个人又去那片草地找牛，竟然发现那片草地不积雪，他很惊奇，就挖掘下去，"深二丈许，得石匣"，石匣上刻着"开元祭地黄琮"六个字，得知这是唐玄宗时候埋下的祭地玉琮。打开石匣，果然发现一块玉琮，款式与北宋玉琮一样，但通体白润，中间刻有方寸大小的谷粟。显然，这是一件难得一见的盛唐遗珍。

甚至还有更久远的文物，当时，在京兆城官道旁边有一处古墓，因为所在是行人车辆往来之处，所以没人盗发，一直保存完好。直到宋高宗建炎（1127—1130年）初年，金兵南下，北方大乱，有人壮着胆子，挖开了这座古墓。果然，从里面挖掘出大量古铜钟鼎，有人辨识款识，发现都是上古三代的器物。这座古墓内部是隧道样式，土坚如石，墓室四周刻有男女侍卫，男子戴幞头、女子穿宽袖衿衣，与宋代服饰大同小异，"乃知数千载冠服已尝如此"。

京兆地区自古藏龙卧虎，能人异士云集，更少不了一些得道高人能够开顷刻之花、卜将来之事。在两宋时期，最知名的隐士异人首推陈抟，不论是当时还是后世，都流传着众多演义传说，如陈抟与赵匡胤以华山为赌注手谈三局等。不过，按照宋代笔记小说《分门古今类事》引《朝野杂录》所载《陈抟睨赵》，陈抟与赵匡胤初次会面并不是在华山，而是在京兆城中。当时还是五代乱世时期，赵匡胤并没有发迹，一天，他与弟弟赵匡义以及赵普三人在京兆城集市中闲逛。陈抟骑驴经过，遇到了他们。陈抟下驴大笑，前仰后合，头上的头巾和发簪几乎都要掉了。陈抟左手握住赵匡胤，右手挽着赵匡义，说："可相从市饮乎？"意思是：能跟着我一起在集市上饮酒吗？

赵匡胤回答："与赵学究三人并游，可当同之。"意思是：要叫上赵普，四个人一起入席饮酒。

陈抟并没有马上答应，而是端详了赵普好一会儿，才慢慢地说："也得，也得，非渠不可预此席。"意思是：赵普同桌饮酒也可以，恐怕也只有他有资格入席。

进了酒店，赵普走累了，就随便地坐在了酒桌西侧的座位上。没想到，这引起陈抟震怒，他说："紫微帝垣一小星，辄据上次，可乎？"意思是：赵普你只是紫微帝星旁的小星，不能超过赵匡胤兄弟，占据上首尊位。陈抟叫赵普坐在酒桌东侧，赵匡胤兄弟坐在酒桌西侧。

陈抟相出赵匡胤兄弟非凡的命理运数，所以热情相邀，又安排酒席座次，暗合三人日后的身份尊卑。"后祖宗（指赵匡胤兄弟）龙飞，韩王（指赵普）乃为佐命"，这就是所谓："运之将隆，必生圣明之君，必有忠贤之臣，其相遇也，不求而自合。又曰：授之者天也，告之者神也，成之者运也。"

陈抟善相，还预测过著名的终南隐士种放的寿禄。

当时种放还年轻,与弟弟一起去拜访陈抟。陈抟一见就看出种放命数不凡,把他邀入内堂,仔细端详,之后,赠他一首绝句:"鉴中有客白髭多,鉴外先生识也么?只少六年年六十,此中阴德莫蹉跎。"

种放不懂这首诗的意思,陈抟就用手比画,对种放说了三句话:"子贵为帝友,而无科名。晚为权贵所陷,若寡欲,可以满此数。"大意是:你能够成为皇帝之友,但是考不中功名,晚年会遭到权贵陷害,如果清心寡欲可以活到60岁。

种放深信陈抟的话,就没有娶妻生子。到48岁时,种放得到宋真宗召见,两人果然成了朋友。宋真宗亲到河中府汾阴(位于今山西运城万荣)祭祀后土,礼毕后,京兆三千父老上表,请求宋真宗驾临京兆。宋真宗询问种放的意见,种放说:有三个理由不适宜去京兆,一是您已经离开开封很久了,这不符合孝道;二是现在正是麦收时节,您进入关中,当地百姓就要迎接,会耽误农事;三是您率领着精兵重臣,京城开封空虚,需要留心。

宋真宗听了这番话,"正色悚然"说,臣下竟没有一个人提到这些道理。

种放说,他们只想参与您"东封西祀"的盛典,作为自己的荣誉,哪里考虑过这些?

宋真宗就此决定不去京兆,驾转开封,他还邀请种放离开终南山，一起去开封。种放不去，说不久还会召见。

朝中大臣反感种放影响宋真宗，不想让宋真宗再召见种放，就说种放沽名钓誉。不久，宋真宗想召见种放，有大臣就说，陛下您下诏召见种放，种放肯定不来；您不召见他，他就会自己上表请求觐见。宋真宗下诏之后，种放果然不来。宋真宗立刻疑惑起来，觉得种放可能真的是在借助与自己的关系，抬高身价。

过了半年，种放上表请求觐见，宋真宗非常失望，认定大臣所言属实，种放就是在买名，"由是宠待遂解"。就在这一年，种放也去世了，年龄正好是60岁。

虽然种放被宋真宗嫌弃，是由于当时朝中大臣的算计，不过，早在种放年少时陈抟就已经说过了，"是则命已定，特假手于权贵也，可不信哉"。

所谓"小隐隐于野，中隐隐于市，大隐隐于朝"。与陈抟置身世外、自图清乐不同，也有有道之士喜欢入世，其作为自然就不只是点到为止，而是覆雨翻云了。

在北宋末年，陕西兵马持续增援中原的过程中，京兆城中又出现一个极具争议的风云人物，就是赵宗印。宗印不是他的名字，而是他的法号，他本来是陕西的读书人（一说是山西汾州孝义人），弃世出家。宋钦宗靖康元年（1126年）十一月间，他在京兆万花寺挂单，年纪已经60多岁了。宗印的口才极好，"好谈世间事，词锋如云"，被时任陕西宣抚使范致虚招徕。

范致虚，字谦叔，建州建阳（今福建南平建瓯）人，在陕西制置使钱盖兵溃后，直接指挥陕西诸路军马。问题是范致虚一介书生，本不懂军事，偏偏又建功心切，"勇而无谋"。他天真地被宗印的气势和大话所折服，邀其还俗从军。

宗印就此平步青云，"即往谒华山庙，自言以身济世之意"，投在范致虚帐下，统领数千士卒。宗印豪气干云，终究不过纸上谈兵，他给范致虚的一项建议是在潼关（今陕西渭南潼关）与龙门（位于陕西渭南韩城）之间，修筑一道南北方向的长城，阻挡金军西进路线。当时范致虚接到的命令是出关勤王，金军也没有西进，修筑长城并不是急务，而且潼关、龙门两地相距约150千米，工程量巨大，短时间内根本不能完成。所以，虽然范致虚急三火四地命令下属修城，但是手下人都不赞同，只是为了应付差事，修到肩膀高度了事，既浪费了人力、物力和时间，也发挥不了防御作用。

宗印倒也并非一无是处，他"艰难中颇有功"，充分利用自己的儒、释、军三重身份，发挥口才特长，慑服人心。他公开口出狂言："吾留意释氏，得大辨才，在古佛中当与净明维摩等。至于贯穿今古，精练吏事，于天下文官，实为第一。料敌应变，决机两阵之间，于天下武官亦为第一。若四方多垒，烟尘未清，则为盗贼第一人。不敢多逊。"听到这番话的人，没有人敢搭话。宗印喜欢用狠话震慑人，"其评议人物，凶险好骂"，同时不忘故弄玄虚，"前后度僧五百，皆名曰宗印，使之代己"，这些人都是他的亲兵，叫"尊胜队"，另有一支行者部队，叫"净胜队"，打着宗教的名号，在战争中非常具有蛊惑性。他曾与席大光共同守卫河中（今山西运城永济），颇受席大光赏识，后来席大光调往湖南，特意施舍千名僧人，为宗印"资福"。

宗印颇能御下，但打仗外行。他随范致虚出兵夺回潼关，偶有小胜，此后再无建树。范致虚兵败后，他率领部队奔襄阳、至郢州。后来，他想随张浚回归陕西，就主动将部队交出。闲居了数年，得病"藏府洞泄无时"，他的姬妾都离他而去，"赵自取其粪食之。有见而怪之者，答曰：'汝安得知此味。'经旬乃死"。

南宋著名学者洪迈所撰《夷坚志》中记载，当时人对他的评价并不高，私下里仍叫他"赵和尚"，说他的死是"口业之报"。细究起来，宗印并没有叛国投敌、祸国殃民之举，只不过是言过其实，倒也可以算作宋金战争中的一位传奇人物。

当然，一提到赳赳老秦，最有特点的性格特征可能还是任侠好义、忠贞刚直，在民间，英雄赤胆者更是不乏其人，尤其是道士和尚更以慈悲为念，身怀救世度人之心。

宋徽宗宣和年间（1119—1125年），某位陕西知州去上任，一天，他投宿在某处官道驿舍。一个道士从外面径直走进来，驿舍守门人告诉他不能进，道士不听。知州的家人看到道士无礼，很生气，都过去把他往外面推。

只有知州请他进来询问原因，道士只说："尊官过华阴时，若见小厅子，幸留意。"其他再不多言，说完就走了。知州想要留住他，详细探问清楚其中的缘故，叫手下人去追，却没追上。

进了潼关以后，知州一家人乘着船沿渭河行进，晚上就停泊在河岸边。这时，手下人禀报有个自称是华阴小厅子的人，拿着名帖来求见，手下告诉他时间晚了，不方便接见，但是小厅子说："有一事将语使君，然吾祗役于邑中，来日朔旦不可脱身，故乘休假驰至此。"意思是他有事情禀报，白天他在华阴衙门供职，不能离开，只能晚上前来。

这里距离华阴还有上百里路，知州忆起了在驿舍道士说的话，就招呼小厅子上船来。小厅子却不上船，又说："所言绝秘，不愿傍近闻之，必移泊北岸乃可。"知州又一次听信了他的话，叫船夫开船。船夫们担心地说："船缆绳都已经在岸上绑好了，又要无缘无故行驶到渭河北岸，北岸可不是安全的所在，难不成是水贼河盗设计诓骗吗？"最终只能不情愿地驾船去北岸。

等到了北岸，小厅子好久不来。全船的人都在抱怨，但是已经这样了，也就无可奈何地在北岸停泊了。夜深以后，河面忽然刮起大风，好像山崩水泄之声，"鱼龙悲吟，波浪溅激"，河水剧烈起伏，船只摇摆得厉害，全船人都没法入睡。战战兢兢、担惊受怕地等到天亮，知州等人望见渭河南岸已经崩塌了，昨晚停泊在那里的客船，全部沉进河底了。

知州一行人不胜唏嘘，等他们来到华阴县城，打听那个小厅子，竟然查无此人。知州一家在渭河上躲过一劫的经历，真是神奇。

男儿尚义，女子重情。在《夷坚志》中，还记载了一个为情而死的陕西痴情女子。当时是宋徽宗政和（1111—1118年）末年，陕西提刑郭允迪在家中招待提举木筏叶某，为了活跃气氛，郭允迪还叫出歌舞伎侍酒。其中一名女子因为不讨郭允迪喜欢，就努力表现，逢迎叶某。

叶某飘飘然起来，借着醉意，随嘴对女伎说："吾从主公求汝，必可得，当卜日遣车相迎。"这句话是要来上门求娶的意思，在古代，等同于定情语。

本来已经没有出头之日的女伎，大喜过望，不假思索地相信了叶某的酒后之言，"穷日夜望之，眠食尽废，遂绵绵得疾"，竟至一病不起。身边人去探望她，她只是问："叶提举车马来未？"第二年正月十五上元节,她忽然自己起床,画上新妆、换了衣服,告诉人说:"向正约今日,而肩舆果来,我即去。"说罢迈步就走,却"奄然而陨"。

可叹这样一个痴情女子,入情太深,竟只为酒席上的一句戏言而香消玉殒。大概叶某也并非蓄意抛弃该女,那番话本就出于无心,说完就忘了,何苦来误会一场。

二、神怪传说

自古以来，西安就为王朝建都之地，民风最为朴质，正所谓"其民有先王遗风，好稼穑，务本业"，虽不能说人人品格端方，但耿介素直、身具正气，的确是京兆之地民众长期以来保有的优良品质。京兆人王通就是这样一位行善积德的人。

以行商为业的王通，乐善好施，经常随身携带着39份自己抄写的功德疏经，见人发放，劝人念佛。时在宋徽宗政和三年（1113年），王通出门经商，奇怪的是，白天赶路时，他总能看见一个穿黑红服装的人走在前面。

他来到潭州（今湖南长沙）准备过湘江，还有15人要同船渡江。王通看见一个穿道服、戴凉巾的老者呼王通为长史，王通走上前作揖行礼，老者说："今天风大船小，不要上船。等我的船来，我们一起走。"王通信了他的话，没有上船。其余15个人上船出发，须臾之间，江面上起了风，船只倾覆，船上的人无一生还。岸上的王通向老者拜谢，说："刚才若是没有得到您搭救，我也必定葬身江底了。"老者说："天命也，不偶然。"很快，老者的船到了，他招呼王通一起登船。

转过了几处山坳，老者和王通下船上岸，来到一处大宅邸前，"高楼画阁，状若仙宫"。老者请王通入内，左右仆从出迎，很快摆上酒席，王通忙辞谢。老者说："我不是凡人，是奉天庭任命的水府仙官，管理这几百里水域。您本该死在这里，魂归水府管辖。但是您劝导了上千人吟诵佛经，声音上达神祇。这上千人中有37个人应该短命早死，但是因为诵经而延长了寿命。"王通问："我不知道我做的事情会对他们有好处？"老者说："天官记录人的功过，赐予祸福。世间有因为灾难枉死之人，有人给予他们医药汤食，救人一命，天庭就会记下这人的功德，延长他的寿命。在这方面，您的功德太大，天庭延长了您三纪总计36年的寿命，命令天下土地神拥护您出行，加以保护，所以我在这里等着您。"

宴饮毕，出门下山。王通走了几步回头一看，老人、宅邸都已经不见了。他这才知道，前几日一直在他前面走的穿黑红色服装的人，正是土地神。从此王通回到家乡更加努力行善积德，到他临终之时，果然又过了36年。

王通的经历可谓神奇，京兆的一位官员陈舜卿在佛寺遇到终南隐士的经历也十分传奇。

陈舜卿考中进士后，来到京兆做官，10年没有回过江南家乡。一天，他到青龙寺拜望高僧，不巧高僧不在，陈舜卿就去到暖室中休息，碰巧一位终南山隐士老翁，也在那里等高僧。

坐了很久，陈舜卿起身查看墙上的《寰瀛图》，找寻回家乡的路，口中感叹着说："能够回家一趟，就没有遗憾了。"隐士老翁听了，说"此易耳。"起身折下台阶前一片竹叶，放入画中的渭河，对陈舜卿说："注目于此，则如愿。"

陈舜卿盯着地图上的竹叶，只见地图中的渭河河水汹涌上升，出现了一艘大船，他茫然地登上船，"其去疾速"。途中经过神窟寺、潼关，陈舜卿还都题了诗。竟然就这么到了家中，妻儿家眷都出来迎接，大喜过望。住了一宿后，陈舜卿说："试期已逼，不可久留。"说罢登船，给妻子留下一句作别诗"酒至添愁饮，诗成和泪吟"，飘然而走。家中人非常错愕，都说是鬼物。

他很快又经过渭水河，回到青龙寺。陈舜卿下船进屋，高僧还没有回来，隐士老翁还裹着外衣坐在那里。

陈舜卿恍惚地问:"岂非梦耶?"老翁也不解释,只说:"他日自知。"

一个月后,有家人来京兆,把这段经历给陈舜卿说了,又把他的题诗拿出来看。陈舜卿从此顿悟,再无心仕途,遁入终南山,隐居修道不出。

第十章 『千古斜阳，无处问长安』
——宋元时期长安主题文学作品

宋代文士诗人数量不及唐代，但也有不少知名之士留下了以长安为主题的诗词佳作。比如寇准、苏轼、秦观、陆游等，他们或者以古喻今，或者纵情讴歌，作品形式、风格多样，极具艺术美感和历史价值。

元代文学以元曲成就最大，主要包括散曲和剧曲（即杂剧）两种。出身京兆陕西地区的元曲家有孙周卿、王爱山、蒲道沅、撒彦举、李仲章、马文璧和红字李二等人。而以长安为主题的元曲中，"元曲四大悲剧"之二——《梧桐雨》《汉宫秋》最为知名。

一、宋元时期吟咏长安诗词

俗语所谓"一千个读者眼中有一千个哈姆雷特",意思是面对同一个对象,由于感知者的立场角度、认识水平等方面的不同,形成的印象也千差万别。对于长安这座承载了2000多年历史文化的名城,宋、金、元时代的诗人们面对的不但是一座现实中的砖石之城,更是一座理想中的情怀之城。他们写下的绮丽诗篇,也蕴蓄着丰富多样的思想和情感。

在北宋早中期,文士们吟咏长安的主题还多是怀念昔日盛唐旧景,比如名臣寇准的《春日长安故苑有怀》:

唐室空城有旧基,荒凉长使后人悲。

遥村日暖花空发,废苑春深柳自垂。

事著简编犹可念,景随陵谷更何疑。

入梁朝士无多在,谁向秋风咏黍离。

寇准（961—1023年），字平仲，华州下邽（今陕西渭南临渭区）人，宋太宗太平兴国五年进士，他刚直果决，勇于任事、善于决断，宋太宗曾把他比作唐朝诤臣魏徵。宋真宗景德元年（1004年）九月，辽圣宗、萧太后亲征北宋；十月，辽兵攻占河北，兵锋直抵澶州（今河南濮阳）城下，距离北宋国都开封只有一河之遥。危急时刻，寇准力劝宋真宗亲征，坚决在澶州抵御辽兵。果然，受到宋真宗御驾亲征的鼓舞，宋军在澶州前线抵挡住了辽军攻势。最后，辽宋和谈，于当年十二月达成"澶渊之盟"，宋辽双方结束了40年战争，实现了百年和平。

寇准在这一战中立有大功，但事后却遭到朝中政敌的嫉妒和攻讦，于景德三年（1006年）罢相离朝，转任陕州知州，从此在陕西等地任职多年。天禧元年（1017年），寇准任知京兆府，这首诗当作于此时。

诗中"空城""旧基""废苑"等词汇，描写了此时京兆城空旷萧索的景象。此时距离长安新城竣工已经过去了100年，却再难以恢复"贞观之治"与"开元盛世"时的人烟稠密、往来如织，怎不令人感慨世事沧桑。

寇准仕途失意，他看到这种景象，就会下意识地与自己的境遇联系，或是感慨盛景不再，或是哀叹少人问津。若换了另外的诗人，心情不同，想法自然也不一样。比如苏轼,他写有一首《仆曩于长安陈汉卿家见吴道子画佛,碎烂可惜。其后十余年,复见之于鲜于子骏家,则已装褙完好(子骏以见遗,作诗谢之)》:

贵人金多身复闲,争买书画不计钱。

已将铁石充逸少,更补朱繇为道玄。

烟熏屋漏装玉轴,鹿皮苍璧知谁贤。

吴生画佛本神授,梦中化作飞空仙。

觉来落笔不经意,神妙独到秋毫颠。

我昔长安见此画,叹惜至宝空潸然。

素丝断续不忍看,已作蝴蝶飞联翩。

君能收拾为补缀,体质散落嗟神全。

志公仿佛见刀尺,修罗天女犹雄妍。

如观老杜飞鸟句,脱字欲补知无缘。

问君乞得良有意,欲将俗眼为洗湔。

贵人一见定羞怍,锦囊千纸何足捐。

不须更用博麻缕,付与一炬随飞烟。

相比寇准的沉重,苏轼这首诗却是旨趣轻松,写的是自己在京兆陈汉卿家中看到了唐朝著名画家吴道子的作品,可惜已经破烂,没想到过了十几年,在鲜于侁家见到了修补好的画作,心中之惊喜、愉悦溢于言表。

苏轼(1037—1101年),字子瞻,号东坡居士。26岁出任凤翔府判官,居陕3年,这是他仕途、人生的起步阶段,心中藏着无限的美好和得意。显然,在年轻的苏轼眼中,陕西是文物荟萃之地,有不知多少古代名家名作值得他观摩学习,这倒也正符合他的文人天性。苏轼另有一首《次韵和刘京兆石林亭之作石本唐苑中物散流民间,刘购得之》,写的也是赏玩关陕文物:

都城日荒废,往事不可还。

唯余故苑石,漂散向人间。

公来始购蓄,不惮道里艰。

尽从尘埃中,来对冰雪颜。

瘦骨拔凛凛,苍根漱潺潺。

唐人唯奇章,好石古莫攀。

尽令属牛氏,刻凿纷班班。

嗟此本何常,聚散实循环。

人失亦人得,要不出区寰。

君看刘李末,不能保河关。

况此百株石,鸿毛于泰山。

但当对石饮,万事付等闲。

难怪苏轼的兄弟苏辙会认为关陕文化底蕴深厚,值得长居。苏辙《次韵子瞻题长安王氏中隐堂五首》云:"秦中胜岷蜀,故国不须归。"

说到文物精品,自然就想到了名士学人,横渠先生张载风神高迈,为一时士林之翘楚。同为北宋"易学五子"之一的邵雍写有一首《和凤翔横渠张子厚学士》诗:

秦甸山河半域中,精英孕育古今同。

古来贤杰知多少，何代无人振素风。

这首诗的立意，是指出张载的品格学行，从"秦甸"的悠久历史"孕育"而来，既夸赞了张载学高身正，更称誉了关陕历史文化积淀丰厚。

隋唐长安已成明日黄花，京兆却并非了无生气。"苏门四学士"之一的秦观写过一首《忆秦娥·曲江花》词，在他笔下，京兆依然生机勃勃：

帝城东畔富韶华，满路飘香烂彩霞。

多少春风年少客，马蹄踏遍曲江花。

曲江花，

宜春十里锦云遮。

锦云遮，

水边院落，山下人家。

茸茸细草承香车，

金鞍玉勒争年华。

争年华，

酒楼青旆，歌板红牙。

又是一年踏青时节，"年少客"们争相出游，"彩霞""锦云"映衬青山绿水，"金鞍""玉勒"搭配高头大马，迎风摇曳的"曲江花"，是否依然娇艳如一百年前？

北宋词人贺铸也以同样阳光、向上、欢快的心情，怀念着京兆景物，他在《蝶恋花·望长安》词中写道：

排办张灯春事早，

十二都门，物色宜新晓。

金犊车轻玉骢小，

拂头杨柳穿驰道。

莼羹鲈鲙非吾好，

去国讴吟，半落江南调。

满眼青山恨西照，

长安不见令人老。

可惜，一场突如其来的"靖康之变"，又将关陕之地推向险境。当南宋文人提起京兆长安时，已经不再是简单地感慨汉唐盛世不再，而是变成对自己故土家园的怀恋。像诗人陆游的一首《观长安城图》：

许国虽坚鬓已斑，山南经岁望南山。

横戈上马嗟心在，穿堑环城笑虏孱。

日暮风烟传陇上，秋高刁斗落云间。

三秦父老应惆怅，不见王师出散关。

"不见王师出散关"一句，写尽了心有余而力不足的失落感，与辛弃疾《菩萨蛮·书江西造口壁》"西北望长安，可怜无数山"不谋而合。然而，南宋与金都不具备消灭对方的实力，只能长期对峙。

先是在宋高宗绍兴十一年（1141年），经过14年厮杀，宋金达成绍兴和议，实现了20年和平。绍兴三十一年（1161年），金海陵王完颜亮不顾金朝内部意见不统一，强行撕毁和议，统兵60万南征。谁料南宋虞允文在采石矶（位于今安徽马鞍山西南5千米）摧毁金军战船，使金军攻势受挫，随后，金世宗完颜雍在辽东发动政变，完颜亮四面楚歌，被叛军杀死。

时至宋孝宗隆兴元年（1163年）五月，宋孝宗在主战派张浚的推动下，下诏北伐。南宋军共约6万，由李显忠、邵宏渊率领，兵分两路渡淮。开战初期，南宋军进展顺利，攻下海州（今江苏连云港）、泗州（今安徽宿州泗县）、宿州（今安徽宿州）等地。这时，两位主将李显忠和邵宏渊发生龃龉，邵宏渊拒不配合李显忠，导致宿州失守。撤退途中，南宋军遭遇符离（今安徽宿州埇桥）之败，伤亡惨重。宋金重新谈判，于乾道元年（1165年）签署和约，是为"隆兴和议"，此后，双方再次相安无事40年。

宋宁宗开禧二年（1206年）四月，南宋权臣韩侂胄对金不宣而战，发动开禧北伐。初期夺取了泗州、颍上（今安徽阜阳颍上）、虹县（今安徽蚌埠五河）等地，一个月后，各路宋军进攻受阻。此时金军组织反攻，战事陷入僵持。双方随即展开第三次和谈，嘉定元年（1208年），南宋屈辱地将韩侂胄首级献给金，并增加岁币，达成嘉定和议。

这次和议只维持了9年，蒙古对金发起猛烈攻击，攻占了河北、山西等地，山东兴起汉人武装红袄军，金人国土日蹙，被迫迁都开封，而金朝内部权臣胡沙虎、术虎高琪先后把持朝政，加重了政局混乱。

金宣宗完颜珣在内政外交的窘迫局面下，借口南宋未缴纳岁币，于宋宁宗嘉定十年（1217年）、嘉定十二年（1219年）两次发动南下扩地战争。金军在战争初期取得一些胜利，但无法突破南宋两淮、荆襄防线，平白折损了有生力量，加速了王朝覆灭的速度。

宋理宗端平元年（1234年），南宋、蒙古联军围攻金哀宗完颜守绪最后的据点蔡州（今河南驻马店汝南）。正月，南宋军抢先入城，随后经过巷战，消灭了金军。城破之时，金哀宗自杀，金朝灭亡，宋金之间延续108年的恩怨至此结束。

蔡州之战过后，南宋误认为蒙古军放弃了中原地区，于是，在六月贸然出兵收复北宋三京，在进军洛阳途中，遭到蒙古军反击，大败而回，史称"端平入洛"。端平二年（1235年），窝阔台派遣三路大军南下攻宋。就这样，蒙古与南宋之间持续40年的战争，拉开了帷幕。

直到宋度宗咸淳九年（1273年）二月，元朝大军用5年之力，攻克长江中游南宋重镇襄阳。此后，元军水陆并进，于元世祖至元十三年（1276年）正月，兵抵临安，宋恭帝投降。至元十六年（1279年），宋元崖山海战，南宋全军覆没，南宋流亡朝廷覆亡，元朝最终完成统一。

靖康之变、崖山海战，对南宋文人来说，不啻两次亡国之痛，长安彻底成了故国的代名词，哀怨痛愤之情已经无法遏制。比如，南宋末年进士王易简写有《齐天乐·客长安赋》：

宫烟晓散春如雾，参差护晴窗户。

柳色初分，饧香未冷，正是清明百五。

临流笑语。

映十二栏干，翠鬟红妒。

短帽轻鞍，倦游曾遍断桥路。

东风为谁媚妩？

岁华频感慨，双鬓何许！

前度刘郎，三生杜牧，赢得征衫尘土。

心期暗数。

总寂寞当年，酒筹花谱。

付与春愁，小楼今夜雨。

在经历亡国之痛的王易简眼中，长安即临安，他"倦游曾遍"的景致风情，而今竟然都成了满腔"春愁"，个中滋味，难以言说。

同样的情愫，还见诸陕人张炎的笔端，他的一首《蝶恋花·邵平种瓜》，借"邵平种瓜"的典故，表达了自己在宋亡后甘于遁世隐居的心情：

秦地瓜分侯已故，不学渊明，种秫辞归去。

薄有田园还种取，

养成碧玉甘如许。

卜隐青门真得趣，蕙帐空闲，鹤怨来何暮。

莫说蜗名催及戌，

长安城下锄烟雨。

"邵平种瓜"的典故出自汉代司马迁《史记·萧相国世家》："邵平者，故秦东陵侯，秦破，为布衣，贫，种瓜于长安城东，瓜美，故世俗谓之'东陵瓜'，从邵平以为名也。"秦东陵是秦始皇之父秦庄襄王和王后赵姬的陵墓，邵平受封东陵侯，食邑千户，负责监管东陵。秦朝灭亡，邵平沦为平民，就在东陵种瓜为业。长安城东这片地区地下水位高，适合瓜果生长，瓜甜味美，被称为东陵瓜，在今天西安浐灞地区仍有一地名为"邵平店"，就源自这个典故。

张炎这首词借用邵平的典故，其实是在写自己，国已亡、心已死，教人何去何从？唯有"长安城下锄烟雨"，与山林田园为伍。

相比于宋末元初的王易简、张炎，生活在金末元初的元好问对长安的认知就比较淡然。金章宗泰和八年到卫绍王大安二年（1208—1210年），元好问的叔父元格被任命为陇城县令（今甘肃天水秦安），元好问随之赴任。这期间，元好问去京兆府参加秋试，在京兆逗留了八九个月时间，写过一首《点绛唇·长安中作》：

沙际春归，绿窗犹唱留春住。

问春何处，花落莺无语。

渺渺吟怀，漠漠烟中树。

西楼暮，一帘疏雨，梦里寻春去。

习惯上认为这首词是伤春主题，而且是隐忍含蓄的哀伤，"春归""留春住""问春何处"显示了元好问对春天逝去的徒劳追寻，最后只能"梦里寻春去"，通篇语气缓和恬淡。显然，在19岁的元好问眼中，京兆只是他人生的一处落脚地，伤春也是出于自身感受，并没有多余的外延。

入元以后，元好问也感叹过"兴亡事"，只不过对象是金朝，而非宋朝，见于他写的《木兰花·慢孟津官舍，寄钦若钦用昆仲泣长安》：

流年春梦过，记书剑，入西州。

对得意江山，十千沽酒，著处欢游。

兴亡事，天也老，尽消沉、不尽古今愁。

落日霸陵原上，野烟凝碧池头。

风声习气想风流，终拟觅菟裘。

待射虎南山，短衣匹马，腾踏清秋。

黄尘道，何时了，料故人、应也怪迟留。

只问寒沙过雁，几番王粲登楼。

金、元两代文人吟咏长安的诗词，由于作者背景的复杂，也有一些作品体现出了不同以往的新鲜主题和立意，比如金代全真道士马钰的《清心镜·咏长安》：

论长安，多美事。

端的日有，三仙向市。

满城人，半做经商，半修炼真气。

寿长人，最多矣。

因知罪福，早闲心地。

兴善缘、年例何如，见千道会起。

还有元代高丽（今朝鲜）人李齐贤，写过《木兰花慢·长安怀古》：

骚人多感慨，况故国、遇秋风。

望千里金城，一区天府，气势清雄。

繁华事，无处问，但山川景物古今同。

鹤去苍云太白，雁嘶红树新丰。

夕阳西下水流东。兴废梦魂中。

笑弱吐强吞，纵成横破，鸟没长空。

争如似犀首饮，向蜗牛角上任穷通。

看取麟台图画，□余马鬣蒿蓬。

李齐贤这首词，以旁观者的视角，观长安的兴衰变迁，没有了激情澎湃，却多了几分超然冷静，很有特色。

二、长安主题元曲

说到元代文学创作,最受人瞩目的其实是元曲,近代著名学者王国维所谓:"楚之骚、汉之赋、六代之骈语、唐之诗、宋之词、元之曲,皆所谓一代之文学。"元曲包括散曲和剧曲(即杂剧)两类。

散曲也叫"北曲",是一种可以配乐的新诗体,以北方民歌为基础,吸收了女真、蒙古等少数民族乐曲,包括小令、带过曲、套数三种。小令又名"小曲""支曲",只有一段,独立成章;带过曲是由一支曲统领的两篇、三篇小曲,共同成章;套数也叫"套曲""散套",是由同一宫调的三首以上小曲相联而成,同套曲用同韵。简单来说,宋词一般分为两段,也就是上阕、下阕,散曲相当于其中一段,带过曲相当于两段或三段,套数则是三段以上。

散曲按曲填词，有格律限制，但与宋词相比，多用口语，更加自由灵活。体现在三个方面：第一，按当时北方方言《中原音韵》押韵，无入声字，而平、上、去三声可以通押；第二，曲调不变，但句式灵活，正字以外可以增加衬字，甚至正字也可以增损；第三，套数选用曲调可多可少，可此可彼。另外，散曲用韵密集，可以重复用同一个字押韵。但是句中用字的平仄区分严格，而且仄声的上、去也有区分，这是不同于宋词的地方，是为了便于歌唱。一般所谓元曲，就是指散曲而言。

剧曲就是在杂剧之中，用于抒发角色情感的套数。而元代杂剧主要有四项基本要素：一是杂剧结构为"一本四折一楔子"。折是剧情段落、音乐段落，每折一套数；二是剧本内容包括曲词、宾白、科范。曲词就是剧曲，也就是韵文唱词，是剧本主体和精华。宾白是散文体对白、独白、背白等，主要用于叙事。科范规定演员动作、舞台效果等。另外，剧本中还有剧尾"题目正名"，以四句韵语点题；三是乐曲属北区九宫调，每折限用同一宫调联成一套数，其中包含的曲子数目不限；四是演员分为旦、末、净、丑，每本戏固定一个主角主唱，比如《窦娥冤》中只有正旦窦娥有曲词，其他角色都是宾白。

元代出身京兆等地的元曲家有孙周卿、王爱山、蒲道沅、撒彦举、李仲章、马文璧和红字李二等人。其中，红字李二还是杂剧演员，擅长"绿林杂剧"。

至于以长安为题材的最有名的散曲，可能就是张养浩的《山坡羊·潼关怀古》：

峰峦如聚，波涛如怒，山河表里潼关路。

望西都，意踌躇。

伤心秦汉经行处，宫阙万间都做了土。

兴，百姓苦；亡，百姓苦。

张养浩（1270—1329年），字希孟，为官敢于直言，因为上疏论政而罢官。元明宗天历二年（1329年）二月，张养浩被任命为陕西行台中丞，派往关中救助旱灾。七月，积劳成疾，病逝于任上。这首词就是他在赴任途中，经过潼关而作。

这首词的主题在于"兴，百姓苦；亡，百姓苦"，将传统的感叹王朝兴替、怀念故国家园主题升华为思考百姓苍生的福祉，为社会最底层平民百姓发一声叹。不同的人"望西都"，看的景物各不相同。作为看透世情的政治家、诗人，张养浩用深峻冷峭的语言，道出了沉郁、悲壮的事实：宫阙做土，到头来不过是百姓苦。

在元代以长安为背景的杂剧中，最有名的无疑就是"元曲四大悲剧"中的《梧桐雨》与《汉宫秋》，作者分别是"元曲四大家"中的白朴、马致远。

白朴，字仁甫，出生于金哀宗正大三年（1226年），到元仁宗（1312—1320年在位）时还在世，高寿80余岁。他家世代在金朝做官,因此他对金朝灭亡耿耿于怀,"自幼经丧乱,苍皇失母,便有山川满目之叹;逮宋亡,恒郁郁不乐,以故放浪形骸,期于适意"。终其一生未出仕元朝,只与金、宋遗老遗少交游。

《梧桐雨》全名《唐明皇秋夜梧桐雨》,写的是唐玄宗李隆基宠幸杨贵妃,以致酿成"安史之乱"的故事。自古以来,唐玄宗、杨贵妃的故事散见于史籍、传说。白朴创作杂剧《梧桐雨》,吸收唐代诗人白居易《长恨歌》的意境,以"秋雨梧桐叶落时"为题,着力在主题架构和艺术描写两方面别出新意。此剧主角为唐玄宗,主线是唐玄宗和杨贵妃的感情,但是白朴没有一味美化,而是将其置于现实之中加以描写,在一定程度上揭露并讽刺了唐玄宗、杨贵妃二人的感情带有虚伪性。

在序幕"楔子"中,首先出场的是因为打败仗而被押送长安听候处罚的安禄山。随后,唐玄宗、杨贵妃出场处理此事。对于唐玄宗和杨贵妃的关系,白朴直接写出了杨贵妃以寿王妃的身份出家,再入宫伴驾的丑事。此时的唐玄宗已经"朝歌暮宴",无心政事。安禄山一番豪言壮语"唯有赤心",便骗取了唐玄宗的好感。而杨贵妃提出留着安禄山跳胡旋舞解闷,于是,安禄山就成了杨贵妃的义子。结果,安禄山与杨贵妃有了"私事",又记恨杨国忠阻挠唐玄宗给自己封官,愤愤不平地离开长安,去做渔阳节度使。

第一折，杨贵妃以独白叙述了自己入宫前后的经历和心态，虽然一朝得宠，满门显贵，但她并不爱"年已昏耄"的唐玄宗，却想念着"能奉承人意"的安禄山。她来长生殿乞巧，就是因为"妾心中怀想，不能再见，好是烦恼人也"，盼着与安禄山再会。

而唐玄宗对杨贵妃的感情，似乎也只是"珊瑚枕上两意足，翡翠帘前百媚生"的享乐。在这样的背景下，唐玄宗与杨贵妃在长生殿的"海誓山盟"，便成了一场假戏，唐玄宗是为了讨美人欢心，而杨贵妃是为了专荣固宠。这是何其讽刺的一幕！唐玄宗对杨贵妃说的情话："妃子，朕与卿尽今生偕老；百年以后，世世永为夫妇。神明鉴护者！"怎不令人唏嘘。

第二折，"一心只想着"杨贵妃的唐玄宗彻底失去了治理朝政的心气，当安禄山起兵叛乱的消息传来时，他还在御园沉香亭欣赏着杨贵妃的《霓裳羽衣舞》。他先是埋怨李林甫扫了他的兴，"止不过奏说边庭上造反，也合看空便，觑迟疾紧慢"；接着又推给李林甫等臣下，"选将统兵，出征便了"；最后干脆一走了之，"明日早起，幸蜀去来"。这一折写出了唐玄宗统治集团的迟钝腐朽，也凸显了异族入侵引起的惶恐和灾难，结合白朴由金入元的身世背景，可以体会到《梧桐雨》具有的鲜明时代特征。

第三折，唐玄宗、杨贵妃爱情悲剧的高潮：马嵬坡兵变发生了，戏剧冲突在这里达到了顶峰。在紧要关头，杨贵妃想的是争取唐玄宗的保护，而唐玄宗的回答却是："妃子，不济事了，六军心变，寡人自不能保。"言下之意就是要牺牲杨贵妃，保全自己，不惜背弃长生殿盟誓。

在白朴笔下，杨贵妃在长生殿乞巧，本来就是怀有二心，她当然不乐意为唐玄宗而死。换句话说，两个人这时想的都是自己。尽管如此，唐玄宗内心又委实不愿失去杨贵妃，"他那里一身受死，我痛煞煞独力难加"。真是万般复杂纠结，由此引出下一折，唐玄宗对杨贵妃的思念。

第四折，白朴继续挖掘了唐玄宗的内心世界，深入分析和展现唐玄宗迷恋杨贵妃的精神状态。唐玄宗晚年，被迫退位成了太上皇，在失去爱情后，又丢掉了权力。他没有动用权力保住长生殿誓约，也没有通过牺牲爱情来延续皇帝的身份，最后落得两手空空，苦闷之情，无以寄托，只能在心中想念杨贵妃，"教画工画了一轴真容供养着，每日相对，越增烦恼也呵"。

白朴细致地刻画出了这种痛楚，直击唐玄宗对长生殿盟誓的念念不忘和悔恨难消，"长生殿那一宵，转回廊，说誓约，不合对梧桐并肩斜靠，尽言词絮絮叨叨"。在无尽的相思中，雨打梧桐之声把他拉回现实，却更加反衬出他内心的凄苦、无助和孤单，"这雨一阵阵打梧桐叶凋，一点点滴人心碎了。枉着金井银床紧围绕，只好把泼枝叶做柴烧，锯倒"。

马致远（约1250—1324年），字千里，他创作了两部以关陕为背景的杂剧，分别是《汉宫秋》和《陈抟高卧》。

《汉宫秋》全名《破幽梦孤雁汉宫秋》，写的是汉元帝命令毛延寿选民间美女100人入宫，"将选中者各画图形一轴送来，朕按图临幸"。毛延寿趁机大肆索取贿赂，成都民女王昭君"光彩射人"，但因家贫没有贿赂毛延寿，被毛延寿记恨，"只把美人图点上些破绽，到京师必定发入冷宫，教他受苦一世"。

王昭君入宫后，久不见汉元帝，深夜弹琵琶消遣。正好被路过的汉元帝听到，一见之下大为喜欢，就问她："看卿这等体态，如何不得近幸？"王昭君叙说前因，汉元帝恼怒毛延寿捣鬼，下令斩首，并封王昭君为明妃。

然而，毛延寿逃到匈奴，向呼韩邪单于献上王昭君画像，谎称"有我汉朝西宫阁下美人王昭君，生得绝色。前者大王遣使求公主时，那昭君情愿请行；汉主舍不的，不肯放来"。呼韩邪痴心王昭君美貌，以武力威胁，向汉元帝索要王昭君。

汉元帝自然不舍，但朝中大臣却劝说汉元帝同意送出王昭君和番，因为"纣王只为宠妲己，国破身亡，是其鉴也",而且"咱这里兵甲不利,又无猛将与他相持,倘或疏失,如之奈何?望陛下割恩与他,以救一国生灵之命"。

汉元帝无计可施,王昭君却自请和番:"妾情愿和番,得息刀兵,亦可留名青史。"汉元帝哀叹:"我可知舍不的卿哩。"可是汉元帝毕竟性格软弱,最终还是灞桥送别,送走了王昭君。

王昭君走后,汉元帝看到风雪、听到鼓角声,触景生情,更加思念王昭君,"他、他、他,伤心辞汉主;我、我、我,携手上河梁。他部从入穷荒;我銮舆返咸阳。返咸阳,过宫墙;过宫墙,绕回廊;绕回廊,近椒房;近椒房,月昏黄;月昏黄,夜生凉;夜生凉,泣寒螿;泣寒螿,绿纱窗;绿纱窗,不思量!"

呼韩邪迎娶了王昭君,心满意足,撤兵北归。走到汉匈交界的黑江时,王昭君遥望长安,对汉元帝吐露真心:"妾身今生已矣,尚待来生也。"投水而死。呼韩邪迁怒于毛延寿挑拨汉匈关系,将毛延寿押解回汉朝,"我依旧与汉朝结和"。

"自从明妃和番",汉元帝"一百日不曾设朝",只是对着王昭君画像聊解相思之苦,夜间又梦到王昭君而惊醒,这时听到孤雁哀鸣,更加神伤,"伤感似替昭君思汉主,哀怨似作薤露哭田横,凄怆似和半夜楚歌声,悲切似唱《三叠阳关令》"。虽然处死了毛延寿,稳定了汉匈关系,但是失去爱人的寂寞和凄凉,紧紧包围着汉元帝,令他无法摆脱。

《陈抟高卧》又名《西华山陈抟高卧》或《太华山陈抟高卧》,主角是北宋初年著名隐士陈抟。五代乱世,百姓流离失所,期盼有人能结束战乱,安定天下。

本来隐居华山的陈抟下山卜卦,指点赵玄朗和郑恩二人树立志向。后来赵玄朗建立了宋朝,他就是宋太祖,想请陈抟入朝为官。陈抟三拒宋太祖,自愿入山学道,不求世间富贵。

郑恩还想引诱陈抟,为他备下酒食、送上美色,但陈抟都不为所动,"半生不识晓来霜,把五更寒打在老夫头上。笑他满朝朱紫贵,怎知我一枕黑甜乡。揭起那翠巍巍太华山光,这一幅绣帏帐"。郑恩连声叫"惭愧惭愧",陈抟终于得以"推开名利关,摘脱英雄网",继续隐居修道了。

陈抟,字图南,号扶摇子,赐号希夷先生,是北宋初著名隐士,曾经得到宋太宗接见,民间流传着很多关于他的传说。马致远描写的陈抟,是一位以出世的身份,怀有入世情操的大爱、大智者,这其实也是马致远心中的理想形象和状态,反映了他自己抱诚守真、悲天悯人的人生观和追求。

结　语

唐末五代以来，出于战争的需要，北宋朝廷将陕北、关中、陕南三地初步整合在一起，由此出现了现代意义上的"陕西"。同时，也正是由于战争的破坏，长安地区从嘉祥皇都退化为战地边城，陕西地区从京畿重地滑落成拒敌前线。

先是唐末五代的战乱，摧毁了城南韦杜等世家豪族；接着是北宋与西夏的长年对峙，改变了京兆地区雍容文雅的气质；最后金、蒙古的入侵，破坏了京兆地区的社会经济秩序……昔日周秦汉唐的荣光繁华一去不返，百万黎庶的财产、尊严、生命遭到严重威胁，被迫背井离乡。

南宋著名诗人陆游写有一首《秋波媚·七月十六日晚登高兴亭望长安南山》，词中意境颇能反映宋金元时期京兆及陕西地区的时代特征：

秋到边城角声哀，烽火照高台。

悲歌击筑，凭高酹酒，此兴悠哉。

多情谁似南山月，特地暮云开。

灞桥烟柳，曲江池馆，应待人来。

就这样，随着历史车轮的无声转动，在宋、金、元三朝400余年时光里，长安不但失去了曾经荣耀的名字，而且彻底褪去满身华光，如一位蹒跚老人，卸下背负了2000多年的中国政治、经济、文化中心的重担，谢幕退场。能不惜乎！何其痛哉！

有学者研究指出：中国古代城镇往往带有强烈的政治属性，先是由王朝朝廷、州县衙门确定所在地，接着才衍生出经济、文化等因素。基于这个规律，可以发现，从公元10世纪中叶到14世纪中叶，也就是宋金元时期，中国政治中心从长安东迁至开封、杭州、北京等地。在这之前，中国古代经济中心就已经从黄河流域南迁至长江流域。由历史唯物主义的基本观点"经济基础决定上层建筑"可知，京兆关中乃至整个陕西地区的文化，也将随着政治中心东移、经济中心南移而被削弱。换句话说，在宋金元时期，京兆关中的政治、经济、文化各方面发展，逐渐呈现出后继乏力的趋势。

著名宋史专家漆侠先生在《宋代经济史》中分析宋代农业发展状况时指出："宋代的农业生产，如果以淮水划界，则北不如南，而以陕州为中轴，南至海南岛，北至秦岭商洛山区，划一南北线，则西不如东。"显然，京兆关中乃至陕西地区的农业，都落后于东部、南部地区。

农业是国民经济的基础。手工业、商业的繁荣程度，与农业生产提供的粮食多少有密切的关系。由于京兆关中及陕西地区城镇发展水平、农业精耕细作程度，都落后于东部尤其是东南诸路，因此京兆、关中乃至陕西地区手工业、商业的整体规模和实力，其实并不乐观。比如宋神宗熙宁十年（1077年），京兆城的商税在全国城镇的总排名中只是第十六位。

时至公元13世纪，又发生蒙金战争、宋蒙(元)战争，京兆及陕西地区再次遭到重创，嗣后又有阿难答推行回回法，如此几经反复，京兆地区已然不可能再恢复元气，更不可能在政治、经济、文化等方面追赶或超越东部、南部地区，甚至连一些古迹文物，如唐长安城和唐末韩建所修新城，也经过历代改造，早已面目全非。这一点，在人才数量和质量上也有突出的体现。在唐代，南方士人出任宰相，与北方士人出任宰相的比例为1：9，但是，这一状况在北宋发生了逆转。

相传宋太祖赵匡胤曾经说："不用南人为相。"他还亲自为宰相办公之地政事堂题写"南人不得坐吾此堂"，并刻石立碑。与此类似的记载不止一种，但是都不见于正史，而是来自于笔记小说，因此其真实性、可信度都有限。不过，如此言行，却也在一定程度上反映出了北宋初年北方与南方之间的军政态势，即宋太祖赵匡胤在位时期，尚未完成南北统一，北宋朝廷和军队的核心领导集团都出自北方，因而对南方割据政权心存猜疑。随着南北统一战争的推进，出身于北方的文武军政大员，出于自己结束唐末五代割据、创建统一的北宋王朝的自豪和信心，把南方视作征服地，在潜意识里抬高自己、贬低南方士人。大中祥符五年（1012年），宋真宗想提拔宠臣王钦若当宰相，询问宰相王旦的意见。王钦若善于逢迎宋真宗，又为自己的利益肆意攻讦政敌，被朝中正直之士列为"奸邪险伪"的"五鬼"之一。王旦也反感王钦若，就以他籍贯临江军新喻（今江西新余）为借口，劝阻宋真宗说："臣见祖宗朝未尝有南人当国者，虽古称立贤无方，然须贤士乃可。臣为宰相，不敢沮抑人，此亦公议也。"这句话的重点在于揭示了宋太祖、太宗二朝没有任用南方人为宰相的事实。

久而久之，这种不信任转变为忽视和轻蔑。据史载，寇准"尤恶南人轻巧"，宋真宗大中祥符八年（1015年）科举，要在山东人蔡齐、江西人萧贯二人中拣选一名状元，寇准上奏说"南方下国，不宜冠多士"，劝说宋真宗选择了蔡齐，事后，寇准还对同僚说："又与中原夺得一状元。"

虽然如此，北宋时期，南方士子考中进士的人数还是大大超过北方,出身北方的状元有8名,而出身南方的状元则高达27名。寇准纠结的心理,正是根源于他来自永兴军路华州下邽,他亲眼见证着往日人杰地灵的京兆关中如今人才凋零,而南方却英杰辈出,这个天翻地覆的转变,正在不可遏制地发生着。

事实上,从另一个角度来看,这一时期并非京兆陕西人才零落,只不过是京兆陕西人才从文转武,所谓"关中多豪侠",动荡的局势造就了京兆陕西尚武之风。在宋夏战争中,京兆陕西士人纷纷投身军伍,有人提枪上阵,有人出谋划策,意图立功边疆,这与两宋时期右文尚儒的时代风气背道而驰。宋仁宗庆历二年(1042年),统率永兴军的郑戬,广为征召京兆关中豪侠之士,对西夏采取主动态势。朝中有人反对郑戬的计划,就批评郑戬帐下多是"浮浪之人"。显然,一心面壁苦读的书生不可能是浮浪之人,只有意气风发、纵横捭阖的才智之人,才会招致反对派的反感,担上浮浪的恶名。这一点也反映出宋代京兆陕西作为宋夏、宋金交兵前线,对人才需求的改变更趋于豪侠武士。

由此而后,陕西五路所辖军队成为北宋末年战斗力最强的劲旅,与宋军进行连番生死厮杀的金军将领也认为,"中国独西兵可用"。在南宋朝廷建立过程中,涌现出了著名的"中兴四将",其中的刘光世(今陕西延安志丹人)、韩世忠(今陕西榆林绥德人)、凤翔府张俊（今甘肃天水人）三人皆出自当时的陕西。另外，像南宋名将吴玠、吴璘兄弟（德顺军今甘肃静宁人）、刘锜（德顺军今甘肃静宁人）、李显忠（绥德军今陕西榆林清涧人）等人也出自陕西。陕西士人武功之盛，可见一斑。即便到了元代，陕西依然是北方王朝挥师南下的重要前线基地。

简而言之，宋、金、元400年，京兆及陕西地区完成了从日下京师到前线基地的角色转变，在宋夏战争、宋金战争、金蒙战争、宋蒙（元）战争中，在军事地理、军队组织、战场调度等方面，都发挥了极其重要的作用，甚至这种尚武精神还一直延续到近代。近代"关中刀客"的出现，就是这种古风的继承和体现。

又，唐长安城被毁弃后，今天的西安地区在宋金时名"京兆"，入元后改为"奉元"。为与丛书书名保持一致，本书章节标题仍称其为"长安"，正文中则使用"京兆""奉元"等称谓。北宋京兆府包括长安、万年（北宋末年改为樊川）、鄠县、蓝田、咸阳、泾阳、栎阳、高陵、兴平、昭应（北宋中期改为临潼）、乾祐、终南等十二县。后世屡有调整，元朝初年栎阳并入临潼，云阳并入泾阳，终南并入盩厔，还领有郿县。

邹 贺